ISOLDE STÖCKER-GIETL

AUF DEN SPUREN DES TODES
WAHRE VERBRECHEN IN OSTBAYERN

ISOLDE STÖCKER-GIETL

AUF DEN SPUREN DES TODES

WAHRE VERBRECHEN IN OSTBAYERN

Bibliografische Information der Deutschen Nationalbibliothek

Die Deutsche Nationalbibliothek verzeichnet diese Publikation in der Deutschen Nationalbibliografie; detaillierte bibliografische Daten sind im Internet über http://dnb.dnb.de abrufbar.
ISBN 978-3-86646-387-5

Für uns, die Battenberg Gietl Verlag GmbH mit all ihren Imprint-Verlagen, ist Nachhaltigkeit ein wichtiger Teil unserer Unternehmensphilosophie. Daher achten wir bei allen unseren Produkten auf den Einsatz umweltschonender Ressourcen und Materialien.
Dieses Buch wurde auf FSC®-zertifiziertem Papier gedruckt. FSC (Forest Stewardship Council®) ist eine nicht staatliche, gemeinnützige Organisation, die sich für die verantwortungsvolle und ökologische Nutzung der Wälder unserer Erde einsetzt.

Unsere Partnerdruckerei kann zudem für den gesamten Herstellungsprozess nachfolgende Zertifikate vorweisen:
– Zertifizierung für FOGRA PSO
– Zertifizierungssystem FSC®
– Leitlinien zur klimaneutralen Produktion (Carbon Footprint)
– Zertifizierung EcoVadis (die Methodik besteht aus 21 Kriterien in den Bereichen Umwelt, Einhaltung menschlicher Rechte und Ethik)
– Zertifikat zum Energieverbrauch aus 100% erneuerbaren Quellen
– Teilnahme am Projekt „Grünes Unternehmen" zum Schutz von Naturressourcen und der menschlichen Gesundheit

2. Auflage 2022
ISBN 978-3-86646-387-5
Alle Rechte vorbehalten!
© 2022 MZ-Buchverlag in der Battenberg Gietl Verlag GmbH, Regenstauf
www.battenberg-gietl.de

Titelabbildung: asafaric, 123rf.com
Abbildungen Innenteil: michalchm89, stock.adobe.com;
Autsawin Uttisin, 123rf.com; grebeshkovmaxim 123rf.com

INHALT

VORWORT & DANK · 6

Landkreis Cham
NUR ETWAS UNTERWÄSCHE · 8

Landkreis Neustadt an der Waldnaab
SPAZIERGANG IN DEN TOD · 22

Interview mit
ALEXANDER HORN · 34

Stadt Regensburg & Stadt München
DER MANN, DER KINDER STERBEN SEHEN WILL · 40

Stadt Amberg
DIE TOTE AUS DEM STADTGRABEN · 56

Landkreis Straubing-Bogen
TRENNUNG BIS ZUR LETZTEN KONSEQUENZ · 74

Interview mit
DR. HANNA ZIEGERT · 92

Landkreis Kelheim
DIE JOGGERIN · 100

Stadt Weiden
MORD AM ROTLICHTKÖNIG · 118

Interview mit
MICHAEL HAIZMANN · 132

Landkreis Regen
SPÄTE RACHE · 138

Stadt Schwandorf
DER NEONAZI · 154

Landkreis Regensburg
MARIA IST WEG · 172

DIE AUTORIN · 200

Ein totkranker Mann aus Flossenbürg hat nur noch einen Wunsch: Endlich seine vermisste Schwester zu finden. Eine spektakuläre Suchaktion beginnt ...

Im Landkreis Straubing-Bogen lässt es sich ein älterer Herr auf Kosten seiner erfolgreichen Partnerin an nichts fehlen. Dann finden ihn Spaziergänger in einem Wald in Tschechien: nackt, erdrosselt mit einer Drahtschlinge.

In Regensburg tötet ein 18-Jähriger einen jungen Ministranten auf grausame Weise. Jahre später hat er seine Jugendstrafe verbüßt – doch er hat bereits neue finstere Pläne ...

VORWORT & DANK

Dieses Buch widmet sich wahren Verbrechen, die sich in der Oberpfalz und in Niederbayern zugetragen haben. Gewalttaten, die aus tiefer Verzweiflung, Rache oder Wut geschahen. Morde, die ausschließlich der Lustbefriedigung dienten. Tötungsdelikte, die so geschickt vertuscht wurden, dass die Kripo an ihre Grenzen stieß. Ich habe für dieses Buch Gespräche mit Ermittlern, Richtern, Verteidigern und Journalisten geführt. Ich habe auch, soweit dies möglich war, Angehörige und enge Vertraute der Opfer befragt. So wird der Blick nicht ausschließlich auf die Täter und die geklärten und ungeklärten Taten gerichtet, auch die Opfer erhalten eine Stimme. Die

Recherchen ermöglichen dem Leser zudem Einblicke in die Arbeit der Ermittlungsbehörden.

Immer häufiger unterstützen Fallanalytiker in schwer durchschaubaren Fällen die Polizeiarbeit. Mit immer ausgefeilterer Labortechnik können auch Altfälle gelöst werden. Kein Täter – und liegt das Verbrechen noch so lange zurück – kann sich sicher fühlen. Das belegen Fälle aus diesem Buch.

Aus Daten- und Personenschutzgründen und um dem Resozialisierungsgedanken Rechnung zu tragen, wurden die Namen der Täter verfälscht. Im Gedenken an die Opfer sind deren Namen unverändert, wurden in Einzelfällen aber abgekürzt.

An vorliegendem Buch, inspiriert vom gleichnamigen Podcast der Mittelbayerischen Zeitung, haben im Hintergrund viele Menschen mitgewirkt. Zuallererst möchte ich meiner Kollegin Christine Schröpf vom Mittelbayerischen Medienhaus danken, die wertvolle Anregungen geliefert hat. Danke auch an meine Kollegen, die mich mit Fotomaterial versorgt haben, allen voran Tino Lex. Mein Dank gilt auch der Pressestelle des Polizeipräsidiums Oberpfalz, besonders Florian Beck, der Pressestelle des Polizeipräsidiums Niederbayern, der Kripo Amberg und der Kripo Weiden, dem Sprecher am Landgericht Regensburg, Thomas Polnik, für Kontakte und Informationen. Allen Gesprächspartnern danke ich für ihre Offenheit und die Zeit, die sie sich genommen haben. Hervorheben möchte ich die tiefgehenden Gespräche mit den Hinterbliebenen. Dass sie mir und dem Buch ohne Vorbehalte begegnet sind, bedeutet mir viel!

Regensburg 2020, Isolde Stöcker-Gietl

NUR ETWAS UNTERWÄSCHE

Sie sind gute Kumpel. Kennengelernt haben sie sich bei der Arbeit in einer Textilfabrik in Waldmünchen (Lkr. Cham). Mehr ist da nicht. Zumindest nicht bei Mareike. Simon Beer ist nicht ihr Typ. Viel zu schüchtern, ein bisschen verschroben, eigenbrötlerisch. Nett ist er. Nur kein Typ zum Verlieben. Aber Simon will mehr – und wenn es nur etwas Unterwäsche aus Mareikes Schrank ist, die er sich zum Träumen aufs Kopfkissen legen kann. Dann verschwindet die 20-Jährige. Fünfeinhalb Monate weiß nur Simon, was geschehen ist. Mareike wird nicht mehr zurückkommen.

In Waldmünchen mit seinen rund 7500 Einwohnern kennt eigentlich jeder jeden. Das idyllisch gelegene Städtchen, nur einen Steinwurf von der tschechischen Grenze entfernt, ist kein Hot Spot für junge Menschen. Die Möglichkeiten sind begrenzt. Zum Feiern geht man in den Jugendtreff oder auf private Partys. Wer in die Disco will, muss nach Kötzting oder Cham. Mareike arbeitet im Jahr 2003 als Näherin. Die hübsche Frau mit den langen blonden Haaren ist 20 Jahre alt und frisch getrennt. Sie hat Spaß am Leben. Ihr Freundes- und Bekanntenkreis ist groß. Sie hat viele Verehrer. Unter ihnen Simon Beer, 30 Jahre alt, vor einigen Jahren aus den neuen Bundesländern in die Oberpfalz gezogen. Gutachter werden später über ihn sagen, dass er schüchtern ist, ohne Selbstbewusstsein, ohne Freunde oder überhaupt soziale Kontakte lebt. In seiner Freizeit beschäftigt er sich mit seinem Aquarium und schaut Videofilme. Bis ins Erwachsenenalter ist er Bettnässer, tut sich schwer mit dem Lernen und ist auch in sexueller Hinsicht ein Spätentwickler. Er ist das völlige Gegenteil zur lebenslustigen Mareike, die integriert und sehr beliebt ist, obwohl sie erst seit fünf Jahren in dem Städtchen lebt. Geboren wurde auch Mareike in der ehemaligen DDR.

Es ist das zweite Wochenende im Oktober 2003. Mareike ist auf mehreren privaten Partys eingeladen. Sie feiert ausgelassen. Tanzt, trinkt, flirtet. Erst am Sonntagmittag kehrt sie erschöpft und müde in ihre Zweizimmerwohnung in einem Mehrfamilienhaus direkt am Stadtplatz zurück. Sie schläft einige Stunden und telefoniert gegen 16 Uhr mit einer Freundin. Der erzählt sie, dass sie am nächsten Morgen Frühschicht hat und deshalb den Abend zu Hause verbringen wird. Vor dem Fernseher.

Was danach passiert, wird monatelang die Medien in ganz Deutschland beschäftigen. Am 13. Oktober, einem Montag, hätte die Facharbeiterin um 6 Uhr in der Textilfabrik sein müssen. Aber sie erscheint nicht an ihrem Arbeitsplatz. Auch nach Stunden nicht. Auf Anrufe reagiert sie ebenso wenig. Im Freundeskreis weiß niemand, wohin die junge Frau gegangen sein könnte. Sie meldet sich auch nicht bei ihrer Familie. Das passt so gar nicht zu ihr. Sie würde jemanden alarmieren, falls sie in eine schwierige Situation geraten wäre. Sie hätte auch ihr Handy nicht abgestellt, damit sie jederzeit erreichbar bleibt. Als am Dienstag Mareikes Mutter den Schlüsseldienst kommen lässt, um selbst in der Wohnung nachzusehen, registriert sie, dass Geldbeutel, Handy und Handtasche verschwunden sind. Auch ihr Jeansmantel und ein Paar Schuhe fehlen. Doch die Mutter stellt noch weitere Dinge fest: Auf dem Wohnzimmertisch stehen die Überreste eines Abendessens mit Wurst und Butter, das Mareike nicht abgeräumt hat, obwohl die Lebensmittel im Kühlschrank hätten gelagert werden müssen, und ihr Bett hat sie nur zur Hälfte frisch bezogen. Was war so wichtig, dass man das Haus verlässt, ohne diese Aufgaben abzuschließen? Und noch etwas registriert sie: Die Haustür wurde abgeschlossen. Dabei zog ihre Tochter doch sonst immer nur die Tür ins Schloss.

> **WAS DANACH PASSIERT, WIRD MONATELANG DIE MEDIEN IN GANZ DEUTSCHLAND BESCHÄFTIGEN ...**

WAS, WENN MAREIKE NICHT FREIWILLIG GEGANGEN IST?

Was, wenn Mareike nicht freiwillig gegangen ist? Die Mutter hat schon jetzt einen schrecklichen Gedanken im Kopf.

Für die Menschen in Waldmünchen ist der Herbst 2003 ein dunkles Kapitel. Nicht nur Mareike verschwindet. Kurz darauf begehen zwei Freunde der jungen Frau, 15 und 22 Jahre alt, Suizid. Zwei weitere Jugendliche aus ihrer Clique unternehmen einen Tötungsversuch, werden aber rechtzeitig gefunden. Journalisten überregionaler Medien tauchen in der Gegend auf und stellen Fragen. In der „Welt am Sonntag" erscheint ein Artikel unter dem Titel „Stadt der lebensmüden Mädchen". Die Rede ist von einem Drogenring, Menschenhändlern und Verbindungen ins Rotlichtmilieu. Der damalige Bürgermeister Franz Löffler ist angesichts der Ereignisse, die bundesweit Schlagzeilen machen, entsetzt. „Dieses Bild von Waldmünchen trifft nicht zu", sagt er. Er nennt es „Sensationsgier", mit der die Journalisten nun jeden Stein in der sonst so beschaulichen Region umdrehen. Manche unterstellen dem Bürgermeister, er wolle das Drogenproblem in seiner Stadt herunterspielen. Erst Monate später ist klar, dass das Verschwinden von Mareike und die Selbsttötungen nichts miteinander zu tun haben. Auch ein Zusammenhang mit einem Drogenring lässt sich nicht herstellen, wenngleich im Freundeskreis der jungen Frau hin und wieder weiche Drogen konsumiert werden. Der Mann, der das alles weiß und erklären könnte, schweigt. Er hat – wenn man es aus seiner Position heraus betrachtet – alles richtig gemacht. Die Polizei steht vor einem Rätsel. Und er besitzt die Nerven, sich auf ein so risikoreiches Spiel mit den Ermittlern einzulassen. Er, der mit seiner Lernschwäche immer als Versager abgestempelt wurde.

Und so läuft die Suche an. Hubschrauber und die Bergwacht kommen zum Einsatz, Hundertschaften der Polizei durchkämmen die Umgebung. Auch im wenige Kilometer entfernten Tschechien wird der Fall publik. Mareikes Mutter startet private Aktionen, verteilt – unterstützt von den Freunden der Tochter – Handzettel mit dem Bild der Vermissten. Unter den Helfern ist auch Simon Beer. Er besucht die Mutter zuhause, versucht zu trösten, macht Mut, erkundigt sich nach dem neuesten Stand der Polizeiarbeit. Sein Interesse fällt offenbar zunächst nicht weiter auf. Mareikes Mutter hegt keinen Verdacht. Schließlich machen sich viele Leute Sorgen um das vermisste Mädchen. Warum sollte es nicht auch der Arbeitskollege tun? Und so erzählt sie ihm bereitwillig, was sie von den polizeilichen Ermittlungen weiß. Dass inzwischen nicht mehr die Grenzpolizeiinspektion Waldmünchen zuständig ist, sondern der Fall an die Kripo in Regensburg übergeben wurde. Dass ein Tötungsdelikt im Raum steht und deshalb der Suchradius erweitert wird. Simon muss handeln.

Alexander Horn leitet die Abteilung K16 im Münchner Polizeipräsidium. Die Dienststelle für Operative Fallanalyse (OFA) Bayern ist eine kleine Spezialeinheit. Sie wird dann gerufen, wenn die Polizei in ihren Ermittlungen nicht vorankommt. Bayernweit, bundesweit, manchmal auch im Ausland. Fallanalytiker, die unter dem Begriff Profiler bekannt sind, analysieren Tatorte, rekonstruieren anhand der Verletzungen der Opfer Tatabläufe und ermitteln so Täterprofile. Doch im Fall von Mareike gibt es keine Leiche, keinen Tatort und schon deshalb wenig Verwertbares, das auf die Spur des Täters führen könnte. Zumindest eines halten die Ermittler aber für sehr wahrscheinlich: dass Mareike Opfer eines Gewaltverbrechens geworden ist.

Der Druck auf die Regensburger Kripo um den Soko-Leiter Stefan Halder ist gegen Jahresende 2003 enorm gestiegen. Das kann man daran ablesen, dass die Prämie für Hinweise, die zur Aufklärung der Tat führen, von 5000 auf 50.000 Euro hochgesetzt wird. Auch im bayerischen Innenministerium werden die Ermittlungen inzwischen sehr genau verfolgt. Und die Presse schreibt und schreibt. Die Soko muss liefern und zwar schnell. Aber was? Halder bittet deshalb die Operative Fallanalyse um ihre Einschätzung. Alexander Horn sagt zu. Er will mit seinem Team trotz der wenigen verwertbaren Informationen den Versuch einer Analyse wagen. „Ich habe keine Ahnung, ob wir euch helfen können – aber wir werden es versuchen", verspricht er den Kollegen in der Oberpfalz. Horn selbst hat später ein Buch geschrieben, in dem er den Fall Mareike ausführlich schildert. In „Die Logik der Tat" berichtet er über die dünne Erkenntnislage, mit der die Arbeit in Waldmünchen begonnen wurde: „Mir war als verantwortlichem Fallanalytiker bewusst, dass wir mit diesem Fall die Methode definitiv an ihre Grenzen bringen würden."

Simon geht derweil weiter in seine Arbeit. Dort gilt er als zuverlässig und fleißig. Er lebt auch sonst weiter wie bisher. Sein Geld steckt er in seine Hobbys – die Fische und den Konsum von Videos. Seinen Lebensunterhalt finanziert er mit wenigen Euros im Monat. Er isst altes Brot und holt entsorgte Lebensmittel aus den Containern von Supermärkten, wie später im Gerichtsverfahren bekannt werden wird. Täter, so erklärt Fallanalytiker Horn in seinen Vorträgen, sind eben nicht die Monster, die man sich in der Fantasie gerne vorstellt. Es sind die unauffälligen Nachbarn von nebenan. Ermittler hören nach aufgeklärten Tötungsdelikten oft, dass man diesem Menschen eine solche Tat nicht zugetraut hätte. Auch Simon Beer haben die Ermittler als potenziellen Täter zunächst nicht auf dem Schirm. Sie vernehmen ihn zwar als Zeugen, so wie sie überhaupt den Freundeskreis von Mareike intensiv befragen. Doch weiter bringt sie das zunächst nicht.

> „TÄTER […] SIND EBEN NICHT DIE MONSTER, DIE MAN SICH IN DER FANTASIE GERNE VORSTELLT. ES SIND DIE UNAUFFÄLLIGEN NACHBARN VON NEBENAN."

Wo also ist Mareike? Ist etwas in ihrer Wohnung geschehen? Das fragen sich Ermittler und Fallanalytiker. Offensichtliche Spuren eines Kampfes gibt es nicht. Auch keine Blutspuren. Bis auf die Essensreste auf dem Tisch und das nur halb bezogene Bett wirkt alles unauffällig. Doch die Spurensicherung hat winzige Glassplitter auf dem Boden dokumentiert, die nicht ins Bild passen. Hat Mareike ein Glas kaputtgeschlagen? Im Müll finden sich dafür keine Hinweise. Die Splitter könnten also Teil eines Tatszenarios sein. Denn es gibt passende Zeugenhinweise. Eine Nachbarin und ein Gast im gegenüberliegenden Hotel. Sie wollen kurz Geräusche und Rufe gehört haben und Mareikes Wohnungstür, die in der Nacht laut ins Schloss fiel. Wer hat sie zu später Stunde besucht? Hat es bei diesem Besuch einen Kampf gegeben, bei dem ein Glas zertrümmert wurde? Und was hat es mit den Haaren auf sich, die von der Spurensicherung an der Mikrowelle entdeckt wurden? Die Analyse hat ergeben, dass sie von Mareike stammen.

Die Fallanalytiker versuchen mit dem wenigen, was sie haben, ein löchriges Puzzle zusammenzusetzen. Mit Fakten zu arbeiten bringt die besten Ergebnisse hin zu einem Täterprofil, erläutert Horn die Methodik. Bei Wahrnehmungen von Zeugen wird es schon schwieriger. Die können sich irren, im schlimmsten Fall die Ermittler sogar auf eine falsche Fährte bringen. Immer wackeliger wird die Analyse, je mehr Hypothesen konstruiert werden müssen. Denn sie basieren zwar auf den Erfahrungen aus hunderten Tötungsdelikten und Sexualverbrechen, die die Profiler analysiert und ausgewertet haben. Aber tickt auch dieser Täter so?

> **DIE FALLANALYTIKER VERSUCHEN MIT DEM WENIGEN, WAS SIE HABEN, EIN PUZZLE ZUSAMMENZUSETZEN.**

Die Soko entschließt sich, den Gedanken rund um die Glassplitter weiterzuführen. An den Wänden in Mareikes Wohnung hängen viele Partyfotos. Die Ermittler nehmen diese jetzt akribisch in Augenschein. Beleuchten alles, was sie darauf sehen.

Dabei stoßen sie auf eine blaue, mit Sternen bedruckte Decke, die offensichtlich auf Mareikes Couch einen festen Platz hatte. Diese Decke ist nicht mehr auffindbar. Hat der Täter sie mitgenommen, als er die 20-Jährige aus der Wohnung schaffte? Zunehmend festigt sich ein Bild von dem, was sich an jenem Abend abgespielt haben könnte. Ein Kampf in der Wohnung. Ein Täter, der alle Spuren anschließend akribisch beseitigt hat – bis auf die übersehenen Glassplitter. Ein Kampf, bei dem Mareike ihr Leben verlor. Vermutlich erwürgt, da offensichtlich kein Blut floss, wie die Profiler aus den Spuren folgern.

Wer könnte es sein? Jemand aus Mareikes näherem Umfeld? Sehr wahrscheinlich, so die Erfahrung der Fallanalytiker. Denn diese Person hätte das stärkste Motiv, die junge Frau verschwinden zu lassen. Wäre sie ein Zufallsopfer, könnte sich der Täter diesen enormen Aufwand und die damit verbundenen psychischen Belastungen sparen. Denn niemand würde ihn mit dem Verbrechen in Verbindung bringen. Vorausgesetzt er hinterlässt keine DNA und es gibt keinen konkreten Zeugenhinweis.

Es geht also um Nähe. Simon hat sie sich gewünscht. Aber Mareike war für ihn seit dem ersten Aufeinandertreffen am Arbeitsplatz unerreichbar. Dennoch verbringt sie Zeit mit ihm, dem Typen, der nirgendwo richtig dazugehört. Hoffnungen macht sie ihm nicht. Sie hält stets kameradschaftlichen Abstand. Ein Lächeln, das ist alles, was sie ihm schenkt. Simon erzählt ihr, dass er gerne eine Partnerschaft hätte. Mareike ist bereit, ihn dabei zu unterstützen. Sie setzt mit ihm sogar Inserate auf, damit Frauen auf ihn aufmerksam werden. Während sie für Simon die passende Frau finden will, hat der nur Augen für Mareike. Offenbart hat er ihr das wohl nie. Stattdessen steigt er heimlich in ihre Wohnung, um sich Wäsche von ihr zu beschaffen.

Am 1. April 2004 sitzt Simon in einem Vernehmungsraum bei der Polizei in Cham. Zwei Kriminalbeamte sprechen mit ihm. Stundenlang. Aus 120 Männern, die die Polizei in Mareikes Umfeld lokalisiert hat, gehört er zu den sieben Personen, die auf das von den Fallanalytikern erstellte Täterprofil passen. 25 Merkmale haben sie erarbeitet. Sie skizzieren einen Einzelgänger mit sexuellen Problemen, etwas älter als Mareike, aber jung genug, um noch zu ihrem Bekanntenkreis zu zählen. Aus seinem Verhalten am Tatort schließen sie auf eine gewisse geistige Reife. Er ist auffallend strukturiert vorgegangen und nicht in Panik ausgebrochen. Wohl kaum wäre es ihm sonst gelungen, die Wohnung nach der Tat so gründlich zu säubern und das Verschwinden von Mareike nahezu perfekt zu inszenieren. Auf der Liste der möglichen Täter rangiert Simon Beer ganz oben. 24 Merkmale treffen auf ihn zu, schreibt Profiler Horn in seinem Buch. Nicht nur charakterlich und aufgrund seines Alters passt er ins Bild. Die Profiler haben auch die These aufgestellt, dass er sich nach der Tat ins Umfeld der Angehörigen gemischt hat. Simon ist die erste Person, die nun sehr detailliert mit Fragen konfrontiert wird. In Krimiserien wird dies meistens mit einem guten und einem bösen Polizisten dargestellt. Good cop, bad cop. In der Realität arbeiten die Ermittler anders. Sie signalisieren den

Beschuldigten, dass sie Verständnis für das gezeigte Verhalten haben. Dass sie ihnen helfen wollen, aus dieser schwierigen Belastungssituation herauszukommen.

Ist Simon, dieser Mann mit dem jungenhaften Gesicht und den raspelkurzen Haaren, wirklich der, der Mareike getötet hat? Bei der Vernehmung kommen den Beamten, die die Gespräche führen, Zweifel. Der 30-Jährige leugnet hartnäckig. Horn schreibt später über die Einschätzung der Fallanalytiker: „Wir waren überzeugt, dass er der Täter war." Deshalb starten die Ermittler immer neue Anläufe, um an den Punkt vorzudringen, an dem Simon sein Geheimnis preisgeben wird. Und dann, nach elf Stunden, gibt er schließlich zu, dass er Mareike überrumpelte. Wie er an jenem Abend in die Wohnung gelangte, das kann allerdings nicht geklärt werden. Die Ermittler sind überzeugt, dass die junge Frau ihrem Mörder die Tür geöffnet hat. Simon streitet das ab. Er sei durch ein Fenster eingestiegen. So, wie er es schon einmal tat, um unbemerkt Wäsche von Mareike zu stehlen. Warum er bei dieser Version bleibt, obwohl die Spuren nicht dazu passen, das bleibt ein Rätsel.

In allem anderen macht er reinen Tisch. Simon schildert das ungeplante Aufeinandertreffen, den Streit mit Mareike und seine Reaktion. Der Textilmaschinenführer hat die junge Frau erwürgt, so wie es die Profiler aufgrund der Spuren angenommen hatten. Danach wickelte er sein Opfer in die blaue Sternendecke, die er in der Wohnung fand und schaffte sie aus dem Haus. Zuerst in seine

> „WIR WAREN ÜBERZEUGT, DASS ER DER TÄTER WAR."

Wohnung. Dort lag die Tote einen Tag im Badezimmer. Der nächste Weg führte den 30-Jährigen mit der Leiche im Auto in einen Wald bei Rötz, wo er sie ablegte und mit etwas Reisig bedeckte. Als er von Mareikes Mutter erfuhr, dass die Polizei den Suchradius immer weiter ausdehnte, schaffte er den bereits verwesenden Körper fast 100 Kilometer weit in ein Forstgebiet im Landkreis Amberg-Sulzbach. Der beißende Geruch im Auto muss schwer auszuhalten gewesen sein. Aber Mareike musste verschwinden, möglichst für immer! Deshalb griff der 30-Jährige nun auch zur Schaufel und hob ein Grab für die Frau aus, in die er eigentlich verliebt war. Kleidung, Handy und Handtasche seines Opfers hatte er an unterschiedlichen Stellen entsorgt. Der Mann wusste, was er tat. Er hatte es sich in amerikanischen Fernsehserien, die „CSI" oder „Profiler" heißen, abgeschaut.

> DER MANN WUSSTE, WAS ER TAT. ER HATTE ES SICH IN AMERIKANISCHEN FERNSEHSERIEN, DIE CSI ODER PROFILER HEISSEN, ABGESCHAUT.

Am Tag nach seinem Geständnis fährt Simon mit der Polizei in den Wald und zeigt, wo er Mareike versteckt hat. Wenige Monate später wird ihm vor dem Landgericht Regensburg der Prozess gemacht. Mareikes Mutter nimmt als Nebenklägerin daran teil. An allen Prozesstagen stellt sie ein Foto ihrer hübschen Tochter vor sich auf den Tisch. Simon soll seinem Opfer noch einmal in die Augen blicken. Doch der hält seinen Blick gesenkt.

Er wird zu einer lebenslangen Haftstrafe verurteilt. Das Schwurgericht macht sich die Entscheidung nicht leicht. Weil das erste Gutachten ange-

Waldmünchen: Mareike ist tot, der Täter sitzt in U-Haft

Junge Frau wurde erwürgt und in Waldstück bei Sulzbach verscharrt

Von Christine Schröpf, MZ

REGENSBURG. Der „Fall Mareike" ist geklärt: Die seit 12. Oktober verschwundene Mareike aus Waldmünchen (Lkr. Cham) ist Opfer eines Gewaltverbrechens geworden. Der 30-jährige ▇▇, ein Arbeitskollege, führte die Ermittler am Freitagmorgen zur Leiche. Zuvor hatte er nach elf Stunden Polizeiverhör ein Geständnis abgelegt. Der Textilarbeiter war in die Wohnung der 20-Jährigen eingestiegen und hatte sie erwürgt.

„Aus dem Vermisstenfall ist ein Todesfall geworden", sagte der Leitende Oberstaatsanwalt, Dr. Johann Plöd, am Freitag in Regensburg. Die elf Ermittler der Sonderkommission hatten ▇▇ am Donnerstag zum Verhör gebracht. Er passte am besten in das Täterprofil, das Experten des Polizeipräsidiums München erstellt hatten. Das Gewaltverbrechen war offenbar eine Beziehungstat. Zwei Suizide junger Waldmünchner nach dem Verschwinden von Mareike stehen damit nicht in Zusammenhang. Auch Drogengeschichten spielten keine Rolle. Der 30-Jährige war nach Angaben des Regensburger Kripochefs Albert Stürzer in Mareike verliebt und träumte von einer gemeinsamen Zukunft. Der Mann war erst 1998 aus Brandenburg nach Waldmünchen gezogen und galt als Einzelgänger. Unklar ist, warum seine Gefühle für Mareike mit der er locker bekannt war, in ein Gewaltverbrechen mündeten. Plöd und Stürzer machten am Freitag keine Angaben zum Motiv. „Das ist noch nicht spruchreif."

▇▇ hat zugegeben, dass er am 12. Oktober gegen Mitternacht über ein offenes Schlafzimmer in der Erdgeschosswohnung eingestiegen ist. Die 20-Jährige, die auf der Wohnzimmercouch eingenickt war, wachte auf und stellte den Arbeitskollegen zur Rede. Danach kam es zu einem Handgemenge, in dessen Verlauf die junge Frau erwürgt wurde. Noch in der Nacht brachte der Täter sein Opfer aus dem Haus, so Kripochef Stürzer. Doch erst zwei Tage später habe er die Leiche in einem 95 Kilometer entfernten Waldstück bei Sulzbach, 100 Meter neben der Bundesstraße 85, in einer Mulde unter Laub versteckt. ▇▇ sitzt inzwischen in Regensburg in Untersuchungshaft. **Seite 3**

Mareike

So titelte die Mittelbayerische Zeitung nach dem Fund von Mareikes Leiche. Foto: Stöcker-Gietl

zweifelt wird, lässt der Vorsitzende Richter Werner Ebner ein zweites erstellen. Darin kommt der renommierte Psychiater Henning Saß zu der Einschätzung, dass Simon zum Zeitpunkt der Tat voll schuldfähig war. Vorsitzender Richter Ebner führt dem Angeklagten während der Verhandlung deutlich vor Augen, wofür er bereit war zu morden. Auf dem Richtertisch breitet er die bei Mareike gestohlene Unterwäsche aus. Das Urteil nennt der Richter „die gesetzliche Aufarbeitung einer menschlichen Tragödie, die monatelang die Öffentlichkeit in Atem gehalten hatte". Mareike musste sterben, weil sie in Simon nicht mehr als einen Kollegen und Kumpel sah. ✖✖✖

SPAZIERGANG IN DEN TOD

Monika Frischholz hat ihre Hausaufgaben erledigt und will sich noch mit Freundinnen treffen. Am 25. Mai 1976 verlässt die 12-Jährige ihr Zuhause in Flossenbürg (Lkr. Neustadt an der Waldnaab). Sie wird nach diesem Tag nie wieder gesehen. 42 Jahre später hofft der letzte noch lebende Verwandte Bruno Frischholz, dass die Polizei das Schicksal seiner Schwester endlich klärt. Doch er wird nicht mehr erfahren, wie die Ermittler alles geben, um das Mädchen zu finden.

Ein Montag im April 2019. Es nieselt und durch den Oberpfälzer Wald pfeift ein eiskalter Wind. Von Frühling ist an diesem Tag wenig zu spüren. Unbemerkt von der Öffentlichkeit haben am Rande eines Waldstückes hinter dem Dorf Waldkirch Bereitschaftspolizisten ihren Einsatz vorbereitet. Sie kommen mit schwerem Gerät. Zwei Bagger und ein Lastwagen mit Greifarm machen sich am Waldboden zu schaffen, entwurzeln mehr als ein Dutzend Nadelbäume. Gegen 9 Uhr schickt das Polizeipräsidium Oberpfalz eine Pressemitteilung an die Medien: Die Suche nach der seit 42 Jahren verschwundenen Schülerin Monika Frischholz wird wieder aufgenommen – auf einer Anhöhe mit Blick auf die kleine Kirche des Ortes und nur fünf Kilometer von Flossenbürg entfernt. Die Ermittler, so heißt es, sind nach intensivem Aktenstudium und einem konkreten Zeugenhinweis zu dieser Stelle geführt worden. Aufregung herrscht nicht nur bei der im Laufe des Vormittags größer werdenden Journalistenschar. Auch bei der Polizei, die mit vielen Fachstellen vor Ort ist, ist sie zu spüren. Wird hier, in unmittelbarer Nähe zu einem Wanderweg, einer der am längsten zurückliegenden Vermisstenfälle der Oberpfalz geklärt?

Jedes Jahr verschwinden etwa 100.000 Menschen in Deutschland. Die meisten Fälle klären sich binnen Stunden oder Tagen. Senioren, die sich verlaufen, Teenager, die im Streit das Haus verlassen. Am Ende eines Jahres bleiben etwa drei

> **AUFREGUNG HERRSCHT NICHT NUR BEI DEN JOURNALISTEN. AUCH BEI DER POLIZEI IST SIE ZU SPÜREN.**

Prozent der Vermissten nicht auffindbar, sagt die Statistik des Bundeskriminalamtes. Bei einem Prozent gehen die Kriminalbehörden von einem Gewaltverbrechen aus. Verschwinden Kinder, wird immer sehr schnell reagiert. Schon nach wenigen Stunden werden Suchtrupps zusammengestellt und Spürhunde auf den Weg geschickt. Vor vier Jahrzehnten war das anders.

Monika Frischholz besucht 1976 die siebte Klasse der Volksschule in Floß. Ein Mädchen, das gerade die Pubertät durchlebt und anfängt, sich für Buben zu interessieren. Die Schülerin gilt als fröhliches und ruhiges Kind, das seinen Eltern keinen Kummer bereitet. Sie erledigt ihre Hausaufgaben sorgfältig, hilft im Haushalt und ist sehr verlässlich. An dem Maitag kurz vor Christi Himmelfahrt will sie sich nach der Schule mit Freundinnen tref-

Die Bereitschaftspolizei war mit schwerem Gerät angerückt. Foto: Stöcker-Gietl

fen. Gegen 15 Uhr verabschiedet sie sich. Es ist das letzte Mal, dass Monika, die an diesem Tag eine dunkelgrüne Schlaghose, einen gelben, kurzärmeligen Pullover und eine rot-schwarz-gemusterte Strickjacke trägt, lebend gesehen wurde. In der Froschau, einem Ortsteil von Flossenbürg, wird sie in den Nachmittagsstunden beobachtet. Allein. Angeblich wollte sie sich, so sagen es die Freundinnen, noch mit einem Jungen verabreden. Paul. Der wolle jetzt mit ihr gehen, habe Monika erzählt. Zeugen für ein solches Treffen gibt es nicht. An der Stelle, an der sich die Spur verliert, liegt die Abzweigung nach Waldkirch.

42 Jahre Ungewissheit. Monika wäre eine Frau in den Fünfzigern. Vielleicht hätte sie Kinder, vielleicht Enkel. Hätte sie gerettet werden können, wenn die Suche noch am Abend ihres Verschwindens begonnen hätte? Diese Frage hat sich ihr Bruder Bruno oft gestellt. Er war es, der die Eltern in großer Sorge um ihr jüngstes Kind vorfand, als er von seiner Arbeitsschicht nach Hause kam. Er war es, der noch in der Dunkelheit mit seinem Moped zu einem verwandten Polizisten fuhr und um Rat bat. Doch helfen konnte der Beamte nicht. Er habe nur mit den Schultern gezuckt und gesagt, dass man da jetzt auch nichts machen könne, erinnert sich Frischholz Jahrzehnte später. Erst als Monika am nächsten Tag nicht auf ihrem Platz in der Schule saß, macht sich die Polizei mit großer Unterstützung der Bevölkerung auf die Suche. Doch es ist zu spät. Sie finden keine Spur mehr von dem Mädchen.

Kriminalhauptkommissar Armin Bock stammt aus der Gegend um Flossenbürg. Die Geschichten, die man sich über die verschwundene Monika erzählt, kennt er aus seiner Kindheit. Die Schülerin liegt in einem der Granitsteinbrüche begraben, ist so ein Gerücht. Ihre Leiche wurde in der Baustelle der Kläranlage versenkt, ein anderes. Bock übernimmt im Herbst 2018 die Ermittlungsgruppe „Froschau". Es ist keine routinemäßige Überprüfung der Akten, so wie es bei ungeklärten Tötungsdelikten in gewissen zeitlichen Abständen vorgesehen ist. Es gibt etwas, was die Kripo in Weiden hoffnungsvoll, ja fast schon euphorisch stimmt. Denn ein sehr konkreter Zeugenhinweis ist eingegangen. Zu einem Zeitpunkt, an dem wohl niemand mehr damit gerechnet hatte. Bock wird in der Öffentlichkeit nie Details zum Inhalt preisgeben. Aber er bestätigt, dass der Hinweis den Verdacht nährt, dass Monika Frischholz einem Verbrechen zum Opfer gefallen ist. Und er bestätigt auch, dass der Zeuge die Ermittler auf die sogenannte Planer Höhe geführt hat, jenen Waldrand, an dem im April 2019 die Bagger graben.

ES IST ZU SPÄT. SIE FINDEN KEINE SPUR MEHR VON DEM MÄDCHEN.

In den Monaten zuvor hat Bock mit seinem fünfköpfigen Team sämtliche Ermittlungsergebnisse aus der Vergangenheit überprüft. Manches Gerücht und ein Zeugenhinweis, den die Polizei damals sehr ernst nahm, konnten nun richtig eingeordnet werden. So kann Monika nicht in der Kläranlage einbetoniert worden sein, weil die Kläranlage bereits fertiggestellt war, als sie verschwand. Die Ermittlungsgruppe kann ebenso ausschließen, dass sie in einem Steinbruch liegt. Auch die Beob-

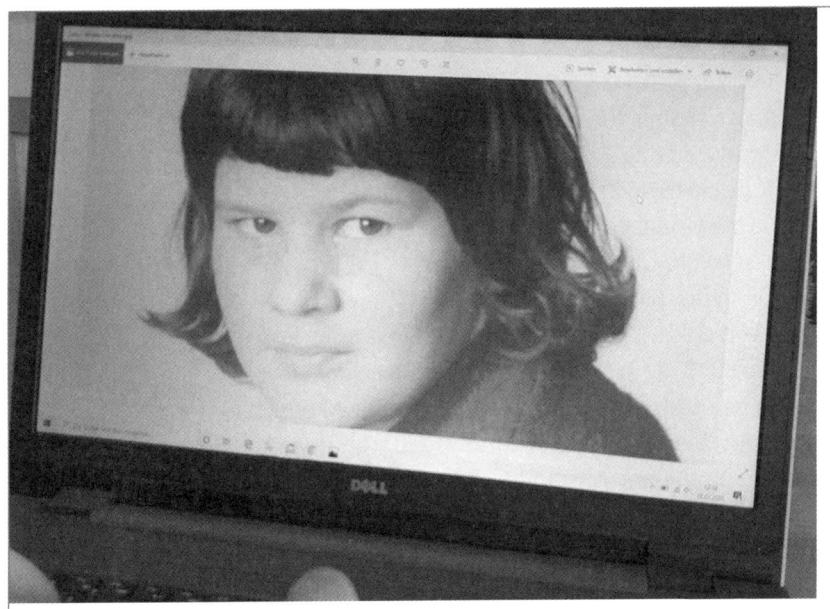

Mit diesem Foto der damals 12-jährigen Schülerin bat die Polizei um neue Hinweise. Foto: Stöcker-Gietl

achtung einer älteren Frau, die Monika im sieben Kilometer entfernten Ort Floß beim Einsteigen in ein gelbes Auto mit dem Kennzeichen „LÜ" für Lüdenscheid und Lünen gesehen haben will, wird widerlegt. Ein Mädchen, das Monika damals zum Verwechseln ähnlich sah, kann ermittelt werden. Die inzwischen gewonnenen Erkenntnisse stützen, dass Monika genau in die entgegengesetzte Richtung lief. Das dürfte auch der Grund sein, warum die Ermittler 1976 nicht vorankamen. Sie suchten in der falschen Ecke.

Von Flossenbürg aus führt eine Straße durch den Wald hinauf nach Waldkirch mit der kleinen Kirche und dem Kriegerdenkmal. An der Abzweigung dorthin verliert sich die Spur zu Monika. War sie am Nachmittag nochmals in dem Ort? Fest steht nämlich, dass sie bereits am Vormittag ihres Verschwindens mit ihrer Schulklasse in Waldkirch war – zu einem Bittgang.

Findet sich in dem Dorf jetzt der entscheidende Hinweis? Am 8. April 2019 warten die Ermittler der EG Froschau, die Spurensicherung der Kripo, die sogenannte Tatortgruppe des Bundeskriminalamtes, die Profiler der Operativen Fallanalyse Bayern, die Rechtsmediziner aus Erlangen und die Staatsanwaltschaft Weiden am Waldrand auf erste Ergebnisse. Die technische Einsatzeinheit der Bayerischen Bereitschaftspolizei aus Nürnberg hat ein tiefes Loch zwischen den Bäumen ausgehoben. Hinter den Absperrbändern registrieren die Journalisten, dass sie auf etwas gestoßen sind. Die Spurensicherer klettern in die Grube. Die Rechtsmediziner stehen bereit. Bock sagt, dass man bereits vorher wusste, was hier vergraben wurde. Um was es sich handelt, verrät er zunächst nicht. Am Nachmittag – das Wetter wird immer ungemütlicher – zieht der Greifarm ein Autowrack aus dem Loch. Einen grünen VW Käfer. Wurde Monika darin versteckt und vergraben? Die Hoffnung ist schnell dahin. Die kleinen Knochen, die aus dem Erdreich gesiebt werden, haben keine Bedeutung für den Fall. Sie stammen von Tieren. Der Besitzer des illegal entsorgten Fahrzeugs ist anhand des Nummernschildes rasch ermittelt. Er ist längst tot. Am zweiten Tag der Grabungen stellt sich Ernüchterung ein. Monika Frischholz liegt nicht hier. Nicht am Waldrand auf der Planer Höhe. Doch EG-Chef Bock sagt: „Aufgeben werden wir hier noch lange nicht."

Seit die Ermittlungen wieder aufgenommen wurden, kommen überraschend viele Beobachtungen. Insgesamt werden es über 80 sehr wertvolle Hinweise, wie Bock mehrfach betont. Deshalb motiviert die Polizei die Bevölkerung, weiter jede noch so kleine Überlieferung aus jener Zeit zu melden, auch wenn sie nicht direkt mit dem Verschwinden von Monika Frischholz zu tun hat. Alles, was sich damals in der Gegend zugetragen hat, könnte von Bedeutung sein. Die Polizei ist überzeugt, dass Monika kein Zufallsopfer war. Der Mörder muss aus der Region stammen. Dass die Ermittler längst einen konkreten Verdacht hegen, verraten sie beiläufig in einer Pressemitteilung drei Tage nach den ersten Grabungen. Eine Wohnung wurde durchsucht. „Bislang ergab sich kein dringender Tatverdacht gegen eine Person", heißt es. Eine Festnahme sei nicht erfolgt.

> DER MÖRDER MUSS AUS DER REGION STAMMEN. DASS DIE POLIZEI EINEN VERDACHT HAT, VERRÄT SIE BEILÄUFIG.

In Flossenbürg mit seinen 1700 Einwohnern kennt quasi jeder jeden. Dass hier jemand unbemerkt ein Kind getötet haben könnte und mit dieser Schuld schon über 40 Jahre weiterlebt, das ist schwer zu begreifen. Vielleicht hat der Verdächtige Monikas Vater beobachtet, wie der bis zu seinem Tod 1986 noch oft zur Bushaltestelle lief – in der Hoffnung, dass seine Tochter mit den anderen Schülern aus der Schule kommen würde. Vielleicht hat er aus der Zeitung erfahren, dass Monikas Mutter drei Jahre nach dem Verschwinden ihrer Tochter gestorben ist. Und vielleicht hat er gehört, dass die Eltern nach dem Verlust der Tochter auch noch am Grab eines ihrer Söhne standen, der Suizid begangen hatte. Aber es hat ihn nicht veranlasst, sein Gewissen zu erleichtern und reinen Tisch zu machen.

Als Bruno Frischholz im Dezember 2018 vom Schicksal seiner Familie erzählt, tut er dies in dem vollen Bewusstsein, dass auch ihm nicht mehr viel Zeit bleibt. Der 59-Jährige ist schwer krebskrank. Als die Polizei ihm von den neuen Ermittlungen erzählte, sei er aufgewühlt gewesen, sagt er. Er sei darüber im Bilde, dass es einen sehr konkreten Hinweis gibt, was das aber bedeute, könne er nicht einschätzen. „Es wäre schön, endlich ein Grab zu haben", wünscht er sich im Gespräch mit der Mittelbayerischen Zeitung. Zwei Monate später stirbt der letzte lebende Angehörige von Monika – noch bevor die Polizei alles daran setzt, diesen letzten Wunsch zu erfüllen.

Vier Wochen sind seit den Grabungen in Waldkirch vergangen. Inzwischen ist es Mai geworden. An einem Feldweg vor einem eingezäunten Privatgrundstück stehen wieder Polizeifahrzeuge. Der ehemalige Granitsteinbruch, der heute als Naturbad genutzt wird, liegt in Blickachse zur Kirche von Waldkirch. In einem Schlauchboot umkreisen sieben Taucher der Bereitschaftspolizei aus Nürnberg den See. Zuvor haben sie mit einem Sonar-Gerät die Wassertiefe bestimmt. Unten ist es stockdunkel, weshalb sich die Taucher nur tastend vorarbeiten können. Kriminalhauptkommissar Bock steht am Ufer und beobachtet mit seinen Kollegen den Einsatz. Wem das Grundstück gehört? Was die

Auch der See in einem Granitsteinbruch wurde von Tauchern durchsucht. Foto: Stöcker-Gietl

Polizei hierher geführt hat? Bock schweigt. Es könnte ein möglicher Ablageort sein, mehr sagt er nicht. Noch am selben Tag ist die Suche abgeschlossen. Auch hier ist es nicht, das Grab von Monika.

Das Medieninteresse ebbt nach dieser zweiten ergebnislosen Suche merklich ab. Die Boulevardpresse hat viel Staub in Flossenbürg aufgewirbelt und ist danach zur nächsten schlagzeilenträchtigen Geschichte weitergezogen. Die regionalen Berichterstatter sind wieder unter sich, als das Polizeipräsidium Oberpfalz Ende Mai ein drittes Mal bekannt gibt, dass Grabungen stattfinden. Das Verschwinden von Monika hat sich zwei Tage zuvor zum 43. Mal gejährt. Diesmal sind die Ermittler mitten im Ortskern von Waldkirch. Eine alte Holzscheune in Privatbesitz, direkt hinter der Kirche.

Im Betonboden des Objektes wurden Unregelmäßigkeiten festgestellt. Die jungen Bereitschaftspolizisten müssen wieder schwere körperliche Arbeit verrichten. Schubkarrenweise transportieren sie den herausgestemmten Beton ab, dann den Mutterboden. Alles wird gesiebt. Eine Spur zur Vermissten finden sie nicht. In der letzten Pressemitteilung zeichnet sich ab, dass die Polizei in diesem Fall vorerst nicht mehr weiterkommt. Ein Ablageort konnte ausgeschlossen werden, heißt es. Die Ermittler würden nun verbleibende Hinweise abarbeiten und bewerten.

Eine weitere Suche gibt es nicht mehr. Dennoch verspricht EG-Leiter Bock: „Wir werden nichts unversucht lassen, den Fall trotzdem noch aufzuklären. Mord verjährt nie." Einige Wochen später löst sich die Ermittlungsgruppe auf. Oberstaatsanwalt Bernhard Voit bedauert, dass ein Tatnachweis nicht zu führen gewesen sei. Konkret heißt das: Der Verdacht gegen eine bestimmte Person besteht weiterhin. Nur beweisen lässt sich nicht, dass derjenige etwas mit dem Verschwinden der Schülerin zu tun hat – weil Monikas sterbliche Überreste fehlen, weil es keinen Tatort gibt und weil niemand mit belastbaren Hinweisen darlegen kann, was am 25. Mai 1976 passiert ist. Der Mann, den die Polizei zu überführen versucht, steht nicht im Zusammenhang mit Monikas Andeutungen. Jenen „Paul" hat die Polizei nicht im Visier. ×××

> „DER VERDACHT GEGEN EINE BESTIMMTE PERSON BESTEHT WEITERHIN. NUR BEWEISEN LÄSST SICH NICHT, DASS DERJENIGE ETWAS MIT DEM VERSCHWINDEN DER SCHÜLERIN ZU TUN HAT […]."

INTERVIEW

Foto: Christian Kaufmann/Droemer Knaur

ALEXANDER HORN
Fallanalytiker

hat sich nach dem Hochschulstudium und ersten Tätigkeiten bei der Polizei von 1997 bis 1999 in den USA, in Kanada und England zum polizeilichen Fallanalytiker ausbilden lassen. In dieser Zeit wurde er außerdem zum Projektverantwortlichen für den Aufbau der Täterprofil-Erstellung in Bayern bei der Mordkommission München ernannt. Seit 2000 ist er Leiter des neuen Kommissariats 16 „Operative Fallanalyse (OFA) Bayern". Mit seinem Team berät er Sonderkommissionen, die sich mit schweren Sexualdelikten, Tötungsdelikten und Serienmorden im In- und Ausland beschäftigen.
2014 veröffentlichte Horn das Sachbuch „Die Logik der Tat" (Verlagsgruppe Droemer Knaur).

Als Fallanalytiker unterstützen sie die Ermittlungen der Kripo. Worin unterscheidet sich Ihre Arbeit von der der Kollegen?

Die Aufgabe eines Fallanalytikers ist die Bewertung des gezeigten Täterverhaltens, um daraus Rückschlüsse auf die Täterpersönlichkeit zu ziehen. Wir versuchen bei den Ermittlern ein vertieftes Fallverständnis herzustellen, was häufig die Grundlage für eine erfolgreiche Fallklärung darstellt. Demnach ermitteln wir nicht selbst, sondern wir unterstützen die Ermittler mit unserem Fach- und Erfahrungswissen.

Fallanalytiker arbeiten immer im Team.
Warum ist das so wichtig?

Der Teamansatz ist deshalb so bedeutsam, da die Fallanalyse ein hypothesengeleitetes Verfahren ist. Wir entwickeln Hypothesen zur Tat und zum Täter. Der Einsatz eines Teams, bei dem Diversität hinsichtlich Alter, Geschlecht und Vorbeschäftigung eine Rolle spielt, ermöglicht eine große Hypothesenvielfalt und gleichzeitig eine kritische Hypothesenprüfung. Diese sind bei der Schwere der Taten, die wir zu analysieren haben, unabdingbar.

Sie suchen nach Verhaltensweisen, nach Abläufen, die Rückschlüsse auf den Täter geben können. Aber dafür brauchen Sie ein Opfer und einen Tatort. Im Fall Mareike, der auch in diesem Buch beschrieben wird, fehlte beides, es gab nur ein paar Glassplitter in der Wohnung der jungen Frau. Wie führt eine so winzige Spur zur Fährte des Täters?

Es ist ja meistens nicht eine einzelne Spur, es geht vor allem darum, die Gesamtheit der Umstände zu betrachten. Auch im Fall Mareike galt es die wahrscheinlichsten Hypothesen zu dem Verschwinden der jungen Frau zu erarbeiten. Dabei spielen natürlich die Befunde an Handlungsorten eine zentrale Rolle. Diese Befunde gilt es dann hinsichtlich ihrer Tatrelevanz zu prüfen und in ein nachvollziehbares, wahrscheinliches Tatgeschehen zu integrieren.

Auch im Fall der 1976 verschwundenen Monika Frischholz aus Flossenbürg und im Mordfall Gertrud Kalweit 1980 in Amberg waren sie in die neuen Ermittlungen eingebunden. Was können Sie als Fallanalytiker in so lange zurückliegenden Fällen noch zu einer möglichen Aufklärung beitragen?

Gerade bei Altfällen, sogenannten Cold Cases, kann eine Fallanalyse hilfreich sein. Das schon erwähnte Fallverständnis kann sich in Jahrzehnten, die teilweise vergangen sind, verändert haben und so können auch neue Ermittlungsansätze generiert werden. Manchmal ist es auch hilfreich, ein Täterprofil zu erstellen und mit den sich bereits in der Akte befindlichen Personen abzugleichen. Die Beschäftigung mit Cold Cases empfinde ich persönlich als sehr bedeutsam, da es auch ein Signal an die Angehörigen ist, dass nichts unversucht bleibt, diese Fälle noch aufzuklären.

Ein Satz von Ihnen ist: „Das Böse ist viel banaler, als man glaubt." Was meinen Sie damit?

Die Vorstellungen, die manchmal mit dem „Bösen" verbunden sind, wirken häufig klischeehaft. Man stellt sich die Täter als Monster vor. Tatsächlich finden wir nicht wenige Fälle, in denen die Täter, auch Serienmörder übrigens, ein nach außen sehr angepasstes Leben führten und in einer Art „doppelten Buchführung" die Taten begangen haben. In ihrem Umfeld wurden sie häufig als nett, freundlich und hilfsbereit wahrgenommen und ein so schwerwiegendes Delikt wäre ihnen

„MAN STELLT SICH DIE TÄTER ALS MONSTER VOR."

oftmals nicht zugetraut worden. Daher ist es in unserer Arbeit sehr wichtig, die Persönlichkeit so zu beschreiben, dass das Umfeld diese Menschen darin erkennt.

Um einen Fall abschließend zu klären, braucht es nicht nur einen Tatverdächtigen, sondern auch dessen Geständnis. Wie treten Sie einem mutmaßlichen Täter gegenüber und wie schaffen Sie es, auch bei schlimmsten Straftaten die emotionale Distanz zu wahren?

Ein wesentlicher Aspekt hierbei ist das schon erwähnte Fallverständnis. Ich muss verstehen, was die handlungsleitenden Ziele des Täters waren, nur dann kann ich auch auf eine zielführende Gesprächsebene kommen. Sehr wichtig ist es dabei, nicht wertend aufzutreten. Ich versuche in einer solchen Vernehmung der Wahrheit möglichst nahe zu kommen, die Handlungen nachvollziehbar zu machen. Es ist nicht meine Aufgabe, das Handeln zu bewerten. Die Jahre der Erfahrung helfen dabei, emotionale Distanz zu den Taten aufzubauen.

„ES IST NICHT MEINE AUFGABE ÜBER DAS HANDELN ZU WERTEN."

Zeigen eigentlich alle Täter nach einem Geständnis Reue oder gibt es auch Täter, denen ihre Opfer vollkommen egal sind?

Natürlich gibt es Täter, die ihr Opfer lediglich als Objekt zur Befriedigung der eigenen Bedürfnisse ansehen. In solchen Fällen findet sich häufig ein ausgeprägtes Empathiedefizit, dort ist wenig Raum für Reue.

Manche Verbrechen werden erst nach Jahren, manche auch nie geklärt. Wie schaffen es die Täter, mit einem solchen Geheimnis über lange Zeit ein nach außen hin augenscheinlich normales Leben zu führen? Und wie reagieren sie, wenn man ihnen schließlich doch auf die Spur kommt?

Hier ist es sehr schwierig, allgemeingültige Aussagen zu treffen, da jeder Mensch unterschiedliche Bewältigungsstrategien entwickelt. Bei manchen Tätern setzt eine intensive Verdrängung ein, während es andere Täter ein Leben lang begleitet und immer die Befürchtung besteht, doch noch ermittelt zu werden.

Welche Frage haben Sie sich in all den Jahren als Leiter der Operativen Fallanalyse am häufigsten gestellt?

Die häufigste Frage war die nach dem WARUM? Warum zeigte der Täter ein bestimmtes Verhalten? Warum hat er sich entschieden, die Leiche auf diese Art und Weise zu beseitigen? Diese Liste ließe sich endlos fortsetzen.

Sie haben viele schwere Verbrechen gesehen. Gibt es Taten oder Täter, die Sie überrascht haben?

Überraschungen erlebt man bei meiner Tätigkeit immer wieder. Manchmal ist es das überraschend junge oder hohe Täteralter. Manchmal aber auch schlichtweg die Willkürlichkeit bei der Opferauswahl. Es gibt manche Fälle, da war die Opferauswahl tatsächlich zufällig, es hätte jede andere Person auch treffen können. ✖✖✖

DIE OPERATIVE FALLANALYSE

Die operative Fallanalyse (OFA) wird von Fallanalytikern der Polizei bei ungeklärten Verbrechen eingesetzt, um neue Ermittlungsansätze zu erhalten. Ein Teilgebiet der OFA ist das Cold-Case-Management, also die Klärung von länger zurückliegenden Verbrechen. Sie dient auch dazu, ein Täterprofil zu erstellen sowie Serienstraftaten zu erkennen. Etwa 70 bis 80 Fallanalysen werden pro Jahr für ganz Deutschland erstellt. Der zeitliche Umfang für eine einzelne Fallanalyse ist sehr unterschiedlich.

Die Operative Fallanalyse ist eine systematisierte Form der Kriminalistik. Sie weist vielfältige Bezüge zu diversen wissenschaftlichen Disziplinen wie zum Beispiel der Kriminologie, der Rechtsmedizin, der Physik und anderen Naturwissenschaften sowie zu den Wissenschaften, die das Erleben, Denken und Fühlen des Menschen untersuchen, auf. Diese Schnittstellen sind allerdings punktuell und orientieren sich immer an den gegenwärtigen Spurenlagen des gerade zu bearbeitenden Falles. Psychologie und Psychiatrie spielt – entgegen landläufiger Meinungen – in diesem Feld nur eine untergeordnete Rolle.

Das Bundeskriminalamt hatte Anfang der 1980er Jahre damit begonnen, wissenschaftliche Grundlagen für ein neues Konzept zur Durchführung von Fallanalysen zu erarbeiten. Die erste Untersuchung eines ungeklärten Verbrechens anhand dieser Methodik wurde in Deutschland 1987 durch das BKA durchgeführt. Im Jahr 1998 wurde die „Operative Fallanalyse (OFA)" eingerichtet und Mindeststandards für Fallanalysen festgelegt. Dieses Konzept übernahmen alle Landeskriminalämter.

Quelle: Bundeskriminalamt

Stadt Regensburg

Stadt München

DER MANN, DER KINDER STERBEN SEHEN WILL

Will man das Böse im Menschen definieren, blickt man auf Menschen wie Markus Perzl. Der Anblick eines sterbenden Kindes löst bei ihm tiefe sexuelle Befriedigung aus. Das qualvolle Töten ist elementarer Teil seiner Fantasien. Einen solchen Mangel an Empfindungsfähigkeit habe er „so ausgeprägt eigentlich noch nie gesehen", sagt der Psychiater Henning Saß. Erst mit dem zweiten Opfer wird das Ausmaß der Gefahr, die von dem Regensburger ausgeht, erkannt. Aber selbst die Sicherungsverwahrung wird ihn später nicht davon abhalten, seinen Trieb weiter auszuleben.

Es ist der 18. Februar 2005. In den Schulen in Bayern werden die Zwischenzeugnisse verteilt. Der neunjährige Peter fehlt. Der Junge besucht eine Fördereinrichtung in München-Neuperlach. Er stammt aus einfachen Familienverhältnissen, sein Vater ist vor kurzem aus dem Gefängnis Stadelheim entlassen worden. Das wird später für die Ermittler noch eine wichtige Rolle spielen, denn aus dieser Zeit kennt er Markus Perzl. Während die Klassenkameraden im Unterricht sitzen, ist Peters Familie seit Stunden auf der Suche nach dem Jungen. Ist er weggelaufen oder hat er sich verlaufen? Ist er verunglückt oder wurde er Opfer eines Verbrechens? Die Polizei nimmt die Ermittlungen auf, die Radiosender verbreiten die Suchmeldung. Um Hinweise wird gebeten – „dringend". Doch alle Versuche, das Kind zu finden, laufen ins Leere. Markus Perzl weiß das und mischt sich – den ahnungslosen, besorgten Freund der Familie spielend – unter die Helfer. So, als wäre das, was er Stunden zuvor bis in die letzte Konsequenz umgesetzt hat, nie geschehen.

Peter ist tot. Auf sadistische Weise umgebracht und sein Leichnam missbraucht. Zehn Monate zuvor war Perzl, der Sexualstraftäter, dessen Empathielosigkeit sogar forensische Psychiater überraschte, aus dem Gefängnis entlassen worden. Er hatte eine neunjährige Jugendstrafe wegen des Mordes an dem elfjährigen Ministranten Tobias aus Regensburg verbüßt. Die Gutachter gaben dem jungen Straftäter eine negative Prognose, weil er sich Therapien verweigert hatte. In Freiheit widersetzt er sich schon bald den Auflagen der Bewährungshilfe – ohne Konsequenzen. Selbst als sich das Jugendamt einschaltet und Peters Eltern eindringlich vor Perzl warnt, geschieht nichts. Die Familie sieht keine Veranlassung, auf Abstand zu gehen. Sie vertraut, weil sie nicht ahnt, zu was Perzl fähig ist.

Der Mann, den die Bild-Zeitung später den „Kinder-Killer" nennt, wird 1976 in Regensburg geboren. Er besucht die Hauptschule. Mit dem Lernen hat er Probleme. Seine Mutter unterstützt ihn, doch weil sie schwer krebskrank ist, ist Markus Perzl zunehmend auf sich alleine gestellt. Bei Problemen schickt der autoritäre und streng religiöse Vater seinen Sohn zum Beten in die Kirche. Aufmerksamkeit und Fürsorge schenkt er ihm nicht. Der Jugendliche beginnt Messer zu sammeln und hortet immer mehr davon in seinem Zimmer. Der Vater weiß, dass er sie einsteckt, bevor er das Haus verlässt, und sieht tatenlos zu. Er kümmert sich auch sonst nicht darum, welches Ziel sein Sohn mit der gefährlichen Sammlung verfolgt. Später wird er es gegenüber der Polizei herunterspielen: „Er hatte doch nie Blödsinn damit gemacht."

Nach der neunten Klasse verlässt Perzl die Schule und macht eine Ausbildung zum Einzelhandelskaufmann. Er merkt, dass er sich nicht zu Mädchen hingezogen fühlt, sondern zu Jungs. Zu Jungs, die noch Kinder sind. Mit 16 Jahren stellt er im Westbad einem Achtjährigen nach und miss-

> **ER MERKT, DASS ER SICH NICHT ZU MÄDCHEN HINGEZOGEN FÜHLT, SONDERN ZU JUNGS. ZU JUNGS, DIE NOCH KINDER SIND.**

braucht ihn. Das wird er erst im Gefängnis einem Psychologen gestehen. Auch als Messdiener in der Pfarrei Herz Marien in Regensburg sucht er den Kontakt zu deutlich Jüngeren. Perzl sticht aus der Reihe der Ministranten hervor. Er ist groß – über 1,90 Meter – und von bulliger Statur. Dichte Augenbrauen lassen seinen Blick zornig wirken. Auch sonst ist in seinen Gesichtszügen nichts Kindliches mehr. Niemand ahnt damals, warum sich der Jugendliche so viel mit den deutlich jüngeren Ministranten abgibt, statt mit gleichaltrigen Freunden um die Häuser zu ziehen. Bei Aktivitäten der Ministranten trifft er immer wieder den elfjährigen Tobias, mit dem er auch gemeinsame Messdienste verrichtet. Der Gymnasiast erzählt seinen Eltern von dem jungen Mann, der ihm helfe, sich im Kirchendienst zurechtzufinden. Dann fällt eines Tages die Bemerkung: „Das ist ein Depp". Doch worauf Tobias das bezieht, sagt er nicht. „Wir konnten nicht ahnen, was sich anbahnt", sagen Isolde und Helmut H. 25 Jahre später.

Der 13. Oktober ist bis heute ein Trauertag in der Pfarrei Herz Marien. Jedes Jahr wird im Gedenken an Tobias eine heilige Messe gefeiert. Dann sitzen auch seine Eltern in der Kirche in Prüfening und kämpfen mit den Tränen. Hätte der Tod von Peter in München verhindert werden können, wenn Markus Perzl besser überwacht worden wäre? Diese Frage haben sich Isolde und Helmut H. oft gestellt. „Für uns war eigentlich von Anfang an klar, dass Tobi nicht das letzte Opfer sein wird", sagt Isolde H. „Als ich die Nachricht vom gewaltsamen Tod eines Kindes in München im Radio ge-

Ein Jahr ist nun vergangen
in Trauer und in Schmerz.
Man sagt, die Zeit heilt alle Wunden
und lindert jeden Schmerz.
Doch niemand kennt die Stunden,
in denen fast zerbricht das Herz.

Denn -

Nicht alle Schmerzen sind heilbar, denn manche schleichen
sich tiefer und tiefer ins Herz hinein,
und während Tage und Jahre verstreichen,
werden sie Stein.

Du sprichst und lachst, wie wenn nichts wäre,
sie scheinen zerronnen wie Schaum.
Doch du spürst ihre lastende Schwere
bis in den Traum.

Der Frühling kommt wieder mit Wärme und Helle,
die Welt wird ein Blütenmeer.
Aber in meinem Herzen ist eine Stelle,
da blüht nichts mehr.

Ricarda Huch (1864 - 1947)

Tobias

* 4.4.1983   † 13.10.1994

Danke,

für ein stilles Gebet,
für eine stumme Umarmung,
für ein tröstendes Wort, gesprochen oder geschrieben,
für einen Händedruck, wenn die Worte fehlten,
für alle Zeichen der Liebe und Freundschaft im vergangenen Jahr.

Oktober 1995

Mit einem berührenden Gedicht bedankten sich die Eltern von Tobias am Jahrestag seines Todes für die Unterstützung bei Angehörigen und Freunden.

In der Pfarrei Herz Marien wurde ein halbes Jahr nach dem Mord in der Nähe des Tatortes ein Gedenkkreuz für Ministrant Tobias aufgestellt. Pfarrer Franz-Xaver Kolbeck weihte den Erinnerungsort. Foto: Archiv der Mittelbayerischen Zeitung

hört habe, habe ich sofort an Tobis Mörder gedacht." Zehn Jahre zuvor ahnte dagegen niemand, dass Perzl den Plan schmiedete, ein Kind zu missbrauchen und ihm Gewalt anzutun. Erst recht nicht, dass er dafür sogar bereit war zu töten.

Auf die Psyche des Kindermörders Markus Perzl haben die Koryphäen unter den forensischen Psychiatern einen intensiven Blick geworfen. Neben Professor Dr. Henning Saß aus Aachen auch der Münchner Prof. Dr. Norbert Nedopil. Vor ihnen sitzen meist jene Straftäter, die schwer einzuschätzen sind. Ihre Expertise ist ebenso gefragt, wenn es sich um außergewöhnliche Verbrechen handelt. NSU-Terrormitglied Beate Zschäpe wurde von ihnen begutachtet, der mordende Krankenpfleger Niels H. aus Oldenburg und der als Maskenmann bekannt gewordenenen Kindermörder Martin N. In Bezug auf den Regensburger kommen beide zu einer ähnlichen Auffassung. Saß sagt, dass der Täter eine schwere sexuelle Störung habe und nicht therapierbar sei. Er vergleicht ihn mit Jürgen Bartsch, der in den 1960er Jahren vier Jungen sexuell missbraucht und ermordet hatte. Wie Bartsch habe er massive Tötungsfantasien, die „in diesem Ausmaß etwas ganz Seltenes sind". Nedopil kommt wiederum zu der Auffassung, dass Markus Perzl von homosexuellen, pädophilen und sadistischen Fantasien vereinnahmt ist. Das Töten seiner Opfer ist Teil dieser sexuellen Vorstellungen. Heilung ist nach Einschätzung von Nedopil ausgeschlossen.

> **DAS TÖTEN SEINER OPFER IST TEIL DIESER SEXUELLEN VORSTELLUNGEN. HEILUNG IST NACH EINSCHÄTZUNG VON NEDOPIL AUSGESCHLOSSEN.**

Perzl geht planvoll vor. Auch schon bei seiner ersten Tat. An jenem 13. Oktober 1994 will Tobias gar nicht in die Kirche, weil er noch für eine Schulaufgabe lernen sollte. Dann macht er sich aber doch auf den Weg. Es kommt zu einer verhängnisvollen Konstellation, die Perzl für seine Zwecke ausnutzen wird. Denn ein zweiter Ministrant wird nach der Messe von seiner Mutter mit dem Auto abgeholt und auch der Pfarrer hat es sehr eilig. So bleibt der Sechstklässler alleine zurück. Dass er nach dem Gottesdienst sein Fahrrad nicht findet, ist Teil des perfiden Szenarios, das sich Perzl schon Stunden zuvor ausgedacht hat. So kann er den Elfjährigen hinter einen Holzschuppen locken. „Es ist doch nur Spaß", sagt er zu Tobias, der wütend wird, sich auf sein Fahrrad setzt und davonfahren will. In diesem Moment reißt ihn Markus Perzl aus dem Sattel und nimmt ihn in den Klammergriff. Noch zwei Mal gelingt es dem Jungen, sich kurzzeitig zu befreien und davonzulaufen. Doch gegen den massigen 18-Jährigen hat er keine Chance. Je mehr sich Tobias wehrt, desto größere sexuelle Befriedigung empfindet der Täter. Sein Opfer zu unterwerfen, sich an ihm zu vergehen, das reicht Perzl aber nicht. In diesem Moment tritt die schwere sexuelle Abartigkeit, von der die Gutachter sprechen, zutage. Perzl zieht ein Butterflymesser aus seiner Jacke und sticht zu. Nicht um Tobias gefügig zu machen, sondern um ihn qualvoll sterben zu sehen.

Mehr als 70 Mal bohrt sich das Messer in den Körper des Jungen, in den Unterleib, den Kopf und den Rücken. Zwei Studenten hören die Hilfeschreie und alarmieren die Polizei. Einer von ihnen versucht, den Täter zum Aufhören zu überreden. Doch Markus Perzl lässt nicht von seinem Opfer ab. Er ruft dem Zeugen entgegen, dass er verschwinden soll, sonst passiere ihm das Gleiche. „Nach den Zeugenaussagen mussten wir davon ausgehen, dass wir es mit einem äußerst brutalen Menschen zu tun haben", erinnert sich Jahre nach der Tat ein Einsatzbeamter. Tobias stirbt an inneren Verletzungen. Die Obduktion wird ergeben, dass nur drei der Stiche tödlich waren, alle anderen dienten dazu, dem Jungen Schmerzen zuzufügen. Sein Mörder verlässt den Tatort und radelt nach Hause. Er zieht die blutverschmierten Sachen aus und besucht anschließend seine Mutter im Krankenhaus. So, als wäre nichts gewesen. Helmut H., der seinen Sohn bereits sucht, wird an der Kirche von der Polizei empfangen. Kurz darauf identifiziert er sein ermordetes Kind. Er radelt heim und sagt zu seiner Frau: „Der Tobi kommt nicht mehr zurück."

Zwei Tage sucht die Polizei unter enormem Druck nach einem 16 bis 18 Jahre alten Jugendlichen, der mit einem Mountainbike den Tatort verlassen hat. Ein Phantombild wird veröffentlicht, unter anderem auf der Titelseite der Mittelbayerischen Zeitung. Später, als Markus Perzl vor den Ermittlern sitzt, wird sich herausstellen, wie gut die Zeugenbeschreibungen waren. Auch der Vater Perzls ist durch die Berichterstattung misstrauisch geworden. Als er blutverschmierte Kleidung in der Wohnung findet, verständigt er den zweiten Sohn. Gemeinsam drängen sie den 18-Jährigen, sich zu stellen. Zu diesem Zeitpunkt ist ihm auch die Polizei nach einer Zeu-

Mit dieser Schlagzeile auf der Titelseite der Mittelbayerischen Zeitung wurde nach dem Mörder von Ministrant Tobias gesucht.
Foto: Stöcker-Gietl

genaussage schon auf der Spur. Markus Perzl gesteht noch in der Nacht das Verbrechen. Ohne erkennbare Emotionen. In einer Vernehmungspause, so erfahren die Eltern des Opfers, habe er Witze in einer Zeitschrift gelesen und lauthals gelacht.

Das Landgericht Regensburg verhängt Monate später im Prozess eine Jugendstrafe, weil es Entwicklungsverzögerungen sieht und darauf vertraut, dass diese durch Therapien noch behoben werden könnten. „Ich weiß auch nicht, warum die Situation so eskaliert ist", redet sich der Angeklagte heraus. Die Eltern des Opfers verfolgen die Verhandlung als Nebenkläger. „Es war das Einzige, was wir noch für unseren Sohn tun konnten, damit er Gerechtigkeit erfährt", sagen sie. Mit den verhängten neun Jahre Haftstrafe seien sie nicht zufrieden gewesen. „Uns war aber klar, dass das Urteil nicht höher ausfallen konnte. Es gab ja keine Sicherungsverwahrung zum damaligen Zeitpunkt." Ein „ungutes Gefühl" sei geblieben. „Wir spürten, dass der Täter eine Grenze überschritten hatte und es wieder tun würde, wenn sich die Gelegenheit ergibt." Wie recht sie behalten sollten, ahnten sie nicht. Auch die Richter sollten sich gewaltig täuschen. Markus Perzl lässt sich im Gefängnis nicht helfen. Und er gesteht ein weiteres Verbrechen: die versuchte Vergewaltigung eines Kindes im Regensburger Westbad. Auch deshalb wird sich der ehemalige Regensburger Chef der Mordkommission, Helmut Furthner, nach dem zweiten Mord zu Wort melden und schwere Vorwürfe gegen die Behörden erheben. Er hatte 2002 davor gewarnt, den Regensburger Kindermörder aus der Haft zu entlassen.

Zuvor hatte auch der österreichische Autor und Kriminalpsychologe Thomas Müller darauf hingewiesen, dass es sich bei Perzl um „eine tickende Zeitbombe" handeln könnte. Für sein Buch „Bestie Mensch" hatte er sich mit der Tat in Regensburg beschäftigt. Besonders die außergewöhnlich hohe Zahl von Messerstichen und die vielen oberflächlichen Wunden, die der 18-Jährige dem Ministranten zufügte, standen bei Müllers Einschätzung im Fokus. Er stufte das Verbrechen als „Piquerismus" ein (aus dem Französischen für „Einstechen"), bei dem der Täter dem Opfer möglichst kleine Stiche zufügt, um es besonders lange zu quälen. Müllers Buch erschien im September 2004. Weniger als ein halbes Jahr, bevor Perzl sich sein zweites Opfer suchte.

> „WIR SPÜRTEN, DASS DER TÄTER EINE GRENZE ÜBERSCHRITTEN HATTE UND ES WIEDER TUN WÜRDE, WENN SICH DIE GELEGENHEIT ERGIBT."

Als der Regensburger aus dem Gefängnis Stadelheim entlassen wird, ist er 28 Jahre alt. Eine nachträgliche Sicherungsverwahrung für Heranwachsende gibt es damals nicht und als psychisch krank gilt Perzl nicht. Der Gesetzgeber hatte somit keine weitere Handhabe, obwohl auch bei den Begutachtungen in der Haft Risikowarnungen ausgesprochen wurden. Ist die Strafe verbüßt, muss nach damals geltender Gesetzeslage bei nach Jugendstrafrecht Verurteilten die Freilassung erfolgen. Erst durch einen anderen Fall aus Regensburg wird diese Lücke geschlossen (mehr dazu in „Die Joggerin"). Perzl werden strenge Auflagen erteilt, doch er schwänzt die Besuche bei der Bewährungshilfe, bricht innerhalb weniger Monate fünf Therapien ab. Auch einer geregelten Arbeit geht er nicht nach. Konsequenzen hat das alles nicht. Selbst dann noch nicht, als die Aufsicht von Kontakten zu Kindern erfährt. Ein fataler Fehler.

Denn längst hat der Kindermörder wieder diese Gedanken. Besonders dann, wenn er die Familie seines früheren Mithäftlings besucht. Zu dem wegen Vergewaltigung verurteilten Mann hat sich eine Freundschaft entwickelt. Der Kontakt hält, als beide entlassen werden. Perzl, der nun in einer Containerstadt lebt, die die Stadt München für obdachlos gewordene Bürger vorhält, besucht regelmäßig die Familie des Gefängniskompagnons in Neuperlach. Dabei sucht er besonders den Kontakt zu Peter, dem neunjährigen Sohn, spielt und verbringt viel Zeit mit ihm. Die Eltern lassen es zu. Vertrauen so sehr, dass sie trotz der Kenntnis, dass Markus Perzl einen Jungen umgebracht hat, ihre vier Kinder mit ihm

Inzwischen ist Markus Perzl drei Mal von einem Gericht verurteilt worden. Zuletzt 2018 für den Übergriff auf einen Mithäftling.
Foto: Tino Lex

alleine lassen. Einen Brief, in dem die Mitarbeiter des Jugendamtes eindringlich vor dessen pädophilen und sadistischen Neigungen warnen, ignorieren sie. Peters Familie glaubt, das Risiko selbst einschätzen zu können. Sie vertrauen darauf, dass der 28-Jährige, den sie wie einen Freund aufgenommen haben, ihre Zuwendung nicht missbrauchen wird. Sie werden bitter enttäuscht.

Perzl trifft bereits Vorbereitungen, hat Müllsäcke und Fesselmaterialien besorgt. Diese hortet er in seinem Zimmer in der Sozialunterkunft. Seinen Plan, wieder ein Kind zu quälen, sich an dessen Angst und Leid zu befriedigen und es schließlich zu töten, hat er bis ins Detail gefasst. Sein Opfer wird Peter sein, der Junge, der ihm bedingungslos vertraut. Einen Tag vor der Ausgabe der Zwischenzeugnisse im Februar 2005 fängt Perzl ihn auf dem Schulweg ab und bewegt ihn mit einer Lüge zum

Mitkommen: „Die Mutter musste dringend mit deinem Bruder zum Arzt", behauptet er. Peter folgt dem Freund des Vaters. Die Sozialunterkunft wird er nicht mehr lebend verlassen.

Was in dem Zimmer geschieht, wird Perzl später detailliert im Prozess vor dem Landgericht München schildern. Er habe versucht, den Neunjährigen zu vergewaltigen und anschließend mit den Händen zu erwürgen. „Es sollte mit Zärtlichkeiten beginnen und mit Gewalt enden", sagt er vor Richter Manfred Götzl. Er erzählt auch, wie Peter sich wehrt, wie er darum bittet, aufzuhören, und wie er schließlich zu weinen beginnt, als ihm Perzl die Hände um den Hals legt und immer fester zudrückt. Der erste Tötungsversuch misslingt. Er solle seine Hausaufgaben machen, fordert Perzl den Jungen auf. Der schlingt die Arme um ihn, will ihm mit dieser Geste seine Zuneigung zeigen. Doch er vollendet seinen Plan kaltblütig und erstickt das Kind mit einem Müllsack. Die Leiche versteckt er in einem Schrank.

> „ES SOLLTE MIT ZÄRTLICHKEITEN BEGINNEN UND MIT GEWALT ENDEN."

Nachdem er sich mehrere Stunden an der Suche nach Peter beteiligt hat, kehrt er in seine Unterkunft zurück und vergeht sich noch mehrfach an dessen leblosem Körper. Anschließend stopft er ihn in einen Müllsack und entsorgt ihn in einem Container – wenige Stunden bevor der von der Müllabfuhr geleert wird. Dort findet ihn die Polizei gerade noch rechtzeitig. Sie hatte Markus Perzl bereits im Visier. Bei seiner Festnahme zeigt der „keinerlei Anzeichen von Reue", berichtet Ermittlungschef Harald Picker, als er die Öffentlichkeit über den Fund von Peters Leiche und die Festnahme des Mörders informiert.

Das Gericht verhängt die höchstmögliche Strafe. Die unbefristete Einweisung in die Psychiatrie, lebenslange Haft und anschließende Sicherungsverwahrung. Perzl leide an einer „Kernpädophilie", gepaart mit „schwerem sexuellem Sadismus", zudem an einem seltenen Ausmaß von Mitleidlosigkeit, urteilt die Schwurgerichtskammer. Wenn überhaupt, dann werde er erst als alter Mann wieder in Freiheit kommen. Keiner ahnt, dass ein Triebtäter wie Perzl auch noch unter strengster Überwachung einen Weg findet, um seinen abartigen sadistischen Neigungen weiter nachzugehen.

Nach dem Urteilsspruch in München vergehen knapp zehn Jahre, bis Perzl wieder zuschlägt. Er ist inzwischen in der Hochsicherheitsforensik des Bezirksklinikums Straubing untergebracht. Sein nächstes Opfer: Ein Mithäftling, der selbst wegen Mordes – an einer Frau aus Vohenstrauß, die er zuvor wochenlang gestalkt hatte – verurteilt ist. Der junge Mann passt optisch in die sexuellen Vorlieben des Kindermörders. Sein Alter von Ende 20 sieht man ihm nicht an. Mit seiner schmächtigen Figur wirkt er noch wie ein Teenager. Perzl geht wieder gezielt vor. Aus einem Werkzeugkasten, den er in der Arbeitstherapie verwendet, stiehlt er einen Hammer. Mit dem schlägt er noch am selben Abend drei Mal bei einem gemeinsamen Fernsehabend auf sein Opfer ein und würgt es danach. Alarmiert durch die Schreie kommt diesmal rechtzeitig Hilfe. Dem Gutachter Nedopil vertraut Perzl nach der Tat an, dass er von dem Gedanken getrieben war, sich den Mithäftling gefügig zu machen. „Er wollte ihn bewusstlos schlagen, sich an ihm vergehen und ihn würgen. Über das Ende des Ganzen hat er sich keine Gedanken gemacht", so Nedopil im Prozess, der erneut vor dem Landgericht Regensburg stattfindet. 13 Jahre Haft wegen versuchten Mordes und die weitere Unterbringung in der forensischen Psychiatrie lautet diesmal das Urteil. Dem Antrag der Verteidigung, bei der aktuellen Tat die früheren Verurteilungen auszublenden, erteilt das Gericht eine Absage: „Das ist nicht möglich." Alle Taten hätten eine gemeinsame Wurzel: Die sexuelle Abartigkeit des Angeklagten, der seine sexuelle Befriedigung nur in der Gewaltausübung und Tötung der kindlichen oder jugendlichen Opfer finde.

Der Straubinger Anwalt Clemens Schnabel übernahm die Verteidigung von Markus Perzl. Foto: Tino Lex

Gut oder böse sind moralische Kategorien, so sagt Psychiater Nedopil. „Ist die Katze böse, weil sie mit ihrer Beute spielt?", fragte er in einem Interview mit der Mittelbayerischen Zeitung. Dennoch gebe es Sicherungsverwahrung nicht ohne Grund. Für Menschen, die auch durch die beste Therapie nicht davon abgehalten werden können, weitere Straftaten zu begehen.

Für Menschen wie Markus Perzl. ✖✖✖

DIE TOTE AUS DEM STADTGRABEN

Es ist 6.30 Uhr morgens, als Hausmeister Georg P. mit seinem Dackel Xoby am Stadtgraben in Amberg seine tägliche Runde dreht. Weil der Hund aufgeregt bellt und nicht zu beruhigen ist, inspiziert der 54-Jährige die wild wuchernden Ligusterhecken entlang der mittelalterlichen Stadtmauer und entdeckt eine schrecklich zugerichtete Frau. Es ist die 38-jährige Gertrud Erna Kalweit. Ermordet in der Nacht zum 21. März 1980. Die einzige Spur zum Täter ist seine seltene Blutgruppe.

Der Katharinenfriedhof ist der größte Friedhof in Amberg. Hier finden sich historische Gräber für Soldaten des Ersten und Zweiten Weltkriegs und das Ehrengrab für Maler Michael Mathias Prechtl. Auf dem Katharinenfriedhof liegt auch Gertrud Kalweit begraben. Ihr Name hat sich bei den Menschen in Amberg ins Gedächtnis gebrannt. Das von massiver Gewalt geprägte Sexualverbrechen an der Fabrikarbeiterin hat vor 40 Jahren Entsetzen ausgelöst, die vergebliche Suche nach dem Täter Ängste geschürt.

Gertrud Kalweit ist eine stille Frau. Sie hat es nicht leicht im Leben. Ihre Töchter, 19 und 17 Jahre alt, hat sie alleine großgezogen. Sie pflegt ihre gebrechliche Mutter und versorgt ihren hilfsbedürftigen Bruder. Die Familie stammt aus Goldap in Ostpreußen, dort wurde Kalweit am 24. Januar 1942 geboren. Noch als Kind kam sie in die Oberpfalz. In Amberg wohnt sie bescheiden im zweiten Stock über einem China-Restaurant am Kaiser-Wilhelm-Ring. Verheiratet war Kalweit nie. Die Polizei wird später ermitteln, dass sie nach Enttäuschungen wohl keine Beziehungen mehr eingehen wollte. Ihren Lebensunterhalt bestreitet die 38-Jährige für sich und ihre Angehörigen weitestgehend alleine. Im Stanz- und Emaille-Werk Gebrüder Baumann ist sie am Fließband beschäftigt. Sie arbeitet zusammen mit fünf Kollegen im Team und putzt die frisch emaillierten Töpfe, bevor diese in den Ofenbrand gehen. Seit 15 Jahren gilt sie als sehr zuverlässige und fleißige Kollegin, die selten wegen Krankheit fehlt. Kalweit führt ein pflichtbewusstes Leben.

An ihrem Todestag ist die Traudl, wie die Kollegen nennen, in der Nachmittagsschicht eingeteilt. Diese beginnt um 14.30 Uhr und endet um 23 Uhr. Vom Fabrikgelände nahe des Kaiser-Ludwig-Rings läuft sie nach dem Ausstempeln zunächst mit ihrer Kollegin Walburga durch die frostige Nacht in Richtung Kreisverkehr. Dort trennen die beiden Frauen sich, Walburga muss in die Regensburger Straße, Traudl weiter vom Nabburger Tor in Richtung des heutigen Kurfürstenbades, das damals noch ein einfaches Hallenbad ist.

Gertrud Kalweit wurde auf dem Nachhauseweg von der Arbeit getötet.
Foto: Archiv Polizei/Stöcker-Gietl

Die letzten Meter alleine nimmt sie immer sehr zügig entlang der vierspurigen Ringstraße. Die Strecke ist um diese Zeit nicht sehr stark befahren und der neben dem Fußweg verlaufende Stadtgraben mit der gut erhaltenen historischen Stadtmauer ist unbeleuchtet. Auch deshalb ist es in Amberg ein beliebter Treffpunkt für Liebespaare. Allerdings nicht um diese Jahreszeit.

Noch gut 600 Meter Fußweg hat die 38-Jährige vor sich, als sie ihrem Mörder begegnet sein muss. An den Tagen, an denen Kalweit Nachmittagsschicht hatte, war sie spätestens um 23.30 Uhr zu Hause, erzählt später ihre Mutter den Journalisten. Doch in der Tatnacht warten sie und die jüngste Enkelin vergeblich. Sie verspätet sich Stunde um Stunde und die Familie fängt an, sich Sorgen zu machen. Sie fürchtet, dass der Arbeiterin in der Fabrik etwas zugestoßen sein könnte. Noch bis zum Morgen wollen sie warten und dann im Krankenhaus nachfragen. An ein Verbrechen denken sie nicht.

40 Jahre später sitzt Kriminalhauptkommissarin Birgit Fröhlich in ihrem Büro in der Kriminalpolizeiinspektion (KPI) Amberg und schlägt die alten Bildtafeln auf. Der Stadtgraben, die lichte Ligusterhecke, der sich darin abzeichnende Körper des Opfers. Die Mappen sind längst vergilbt, die Bilder verblasst. So, wie langsam auch die Erinnerung an die ungeklärte Tat verblasst. 40 Jahre, ein halbes Menschenleben. Der Täter – lebt er überhaupt noch? Fröhlich ist die Hauptsachbearbeiterin in der Ermittlungsgruppe „Stadtgraben", die im Herbst 2018 gegründet wurde. Noch einmal sollen die Akten und Asservate einer Überprüfung unter-

Kriminalhauptkommissarin Birgit Fröhlich hat mit einem Team bei der KPI Amberg die neuen Ermittlungen im 40 Jahre zurückliegenden Fall geführt. Foto: Stöcker-Gietl

zogen werden. Vielleicht ist jetzt die letzte Chance, das Sexualverbrechen an der zweifachen Mutter aufzuklären. „Wir lassen nichts unversucht", verspricht Kriminaloberrat Gerhard Huf, der Leiter der KPI, als die Polizei die neuen Untersuchungen publik macht.

Die erhoffte Sensationsnachricht – sie bleibt aus. Fröhlich schildert das Dilemma, in dem sich die Ermittlungsgruppe bewegt hat. „Je tiefer in den Fall eingedrungen wurde, desto mehr Details traten zutage und beeinflussten die Bewertung des Falls." Weitestgehend ermittelt und klar seien der vermutliche Tathergang, die einzelnen Tathandlungen und das Motiv für die Tat. Gertrud Kalweit wurde Opfer eines Sexualverbrechens. Was die Ermittler außerdem wissen: Der Fundort der Leiche ist auch der Tatort. Gut sieben Stunden nachdem Gertrud Kalweit die Emaille-Fabrik verlassen hatte, wurde ihr übel zugerichteter Körper im Stadtgraben gefunden – von Dackel Xoby und seinem Herrchen Georg P. Der 54-Jährige ist Hausmeister im Rathaus und gerade auf dem Weg dorthin. Der Hund wittert die Blutspur im Stadtgraben und schlägt an. Zwischen den Büschen, in einem schmalen Erdstreifen neben der Stadtmauer, entdeckt P. die Umrisse einer auf dem Rücken liegenden Person. Er leint seinen Dackel an und läuft sofort zur Polizei: „Im Stadtgraben liegt eine tote Frau!"

Gertrud Kalweit trägt noch ihren grünen Rock und den altrosafarbenen Pullover, darüber ihren Lodenmantel. Am linken Handgelenk ihres ange-

> **DER HUND WITTERT DIE BLUTSPUR IM STADTGRABEN UND SCHLÄGT AN.**

winkelten Armes hängt eine rote Kunstlederhandtasche. Unterwäsche und Strumpfhose sind heruntergezogen. Um ihren Hals ist das eigene Kopftuch geschlungen, eng zugezogen. Im Gesicht der Frau klaffen Platzwunden an Schläfe und Nase. Die Blutspritzer verteilen sich auf dem Boden bis hin zur Stadtmauer. Die Schleifspuren in Gras und Schnee könnten ein Hinweis darauf sein, dass sie auf dem Bürgersteig überwältigt und in den dunklen Stadtgraben gezogen wurde. Die nochmalige Überarbeitung der Spurenlage lasse aber auch andere Schlüsse zu, sagt Fröhlich. Etwa, dass Gertrud Kalweit den nachts uneinsehbaren Weg direkt entlang der Stadtmauer nach Hause gelaufen sein könnte. Warum sie das getan haben sollte? Da kann auch die Sachbearbeiterin nur mit den Schultern zucken. „Wir wissen es nicht." Denn es erscheine absolut lebensfremd, dass eine Frau allein und ohne Grund den beschwerlicheren, unbeleuchteten Weg genommen hat. „Vielleicht lag eine Bedrohungslage vor oder sie hat den Täter gekannt", sagt Fröhlich. In der Nähe der Leiche wurden ein blutverschmierter, handflächengroßer Zementbrocken und eine Ratschenverlängerung sichergestellt. Dieses Verlängerungsstück einer Gelenkknarre weckte damals die besondere Aufmerksamkeit der Ermittler. „Made in USA" ist in das Werkstück eingestanzt.

Der Gerichtsmediziner stellt fest, dass Gertrud Kalweit vergewaltigt wurde. Da keine Abwehrverletzungen an der Leiche gefunden werden, könnte

> **UM IHREN HALS IST DAS EIGENE KOPFTUCH GESCHLUNGEN, ENG ZUGEZOGEN.**

An der historischen Stadtmauer witterte Dackel Xoby neben Ligusterbüschen die Leiche der Fabrikarbeiterin. Foto: Polizei

die schlanke Frau bereits zuvor bewusstlos geschlagen worden sein. Ein Tatwerkzeug ist der schwere Zementbrocken. Doch damit nicht genug: Die Frau wurde zudem mit ihrem Kopftuch erdrosselt und in ihrer linken Brust klaffen 15 feine Stiche, ausgeführt mit einem spitzen, nadelähnlichen Gegenstand. Ist es der Stiel eines Kamms? Das mutmaßte damals die Presse. Fröhlich sagt, das Stichwerkzeug wurde nie gefunden, „aber wir haben ziemlich konkrete Vorstellungen, wie es ausgesehen haben könnte".

Erschlagen, erdrosselt, erstochen: Trotz dieser massiven Gewalteinwirkung auf die wehrlose Fabrikarbeiterin gelangt die EG „Stadtgraben" nicht

So berichtete das Amberger Volksblatt am Tag nach der Tat. Foto: Stöcker-Gietl

zu der Einschätzung, dass der Mörder mit einem absoluten Tötungswillen vorgegangen ist. Das sogenannte „Übertöten", aus dem Englischen „Overkill", kommt häufiger in Beziehungstaten vor. Die Täter sind in diesen Momenten rasend vor Wut. Der Mann, der Gertrud Kalweit das Leben nahm, wollte sein Opfer aber wohl eher „mundtot machen", sagt Fröhlich. „Es spricht Einiges dafür, dass er sich schwer tat, das Verbrechen zu vollenden." War Gertrud Kalweit das erste Opfer des Unbekannten – und war es auch sein letztes?

WAR GERTRUD KALWEIT DAS ERSTE OPFER DES UNBEKANNTEN – UND WAR ES AUCH SEIN LETZTES?

Für die beiden Töchter der Fabrikarbeiterin, die hier Gisela und Karin heißen sollen, ist der 21. März 1980 ein traumatischer Tag. Weil die Mutter nicht nach Hause gekommen ist, machen sich die jungen Frauen gemeinsam auf die Suche nach ihr. Doch sie kommen nicht weit. Nur wenige Meter von der Wohnung entfernt sehen sie die Polizisten im Stadtgraben und daneben eine Menschenansammlung. Sofort seien sie „in schlimmer Vorahnung" gewesen, wie eine der Töchter später einem Journalisten sagt. Im Stadtgraben identifiziert Gisela, die Ältere, die Tote als ihre Mutter. Anfang der 2000er Jahre schildert sie noch einmal in der ARD-Talkshow dem Moderator und Pfarrer Jürgen Fliege diesen schlimmsten Moment ihres Lebens. „Da war ich einem Kreislaufzusammenbruch nahe." Als sie 2018 informiert wird, dass eine neugegründete Ermittlungsgruppe noch einmal alle Akten durchforsten und nach neuen Hinweisen suchen wird, begleitet sie die Arbeit mit großem Interesse. Doch den Ausgang erlebt Gisela nicht mehr. Sie stirbt 2019.

An die zehn Aktenordner füllen die Untersuchungsergebnisse, als Fröhlich und ihre drei Kollegen ihre Arbeit beginnen. Alle vorhandenen Spuren werden noch einmal mit neuesten technischen und labortechnischen Möglichkeiten untersucht. Neben Kalweits Kleidung und den in der Nähe gefundenen Gegenständen auch verschiedene Bodenproben. Den Labortechnikern gelingt es, eine Misch-DNA an einem Kleidungsstück zu extrahieren. Von wem sie stammt? „Sie könnte vom Täter sein, aber auch der Bestatter oder ein Polizist könnten sie hinterlassen haben", relativiert Fröhlich. Das Sperma des Täters ist längst nicht mehr

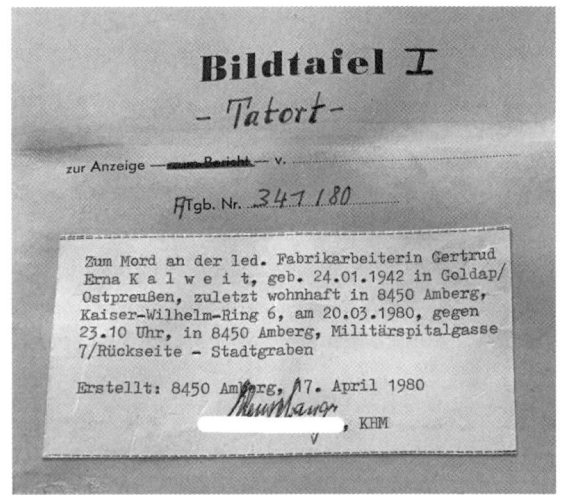

Nach vier Jahrzehnten sind die Bildertafeln der Polizei längst vergilbt.
Foto: Stöcker-Gietl

Diese Fotos machte die Polizei am Morgen nach der Tat am Fundort der Leiche am Amberger Stadtgraben. Foto: Stöcker-Gietl

für Laboruntersuchungen zu gebrauchen. Doch zumindest konnte aus der Körperflüssigkeit bereits 1980 der wichtigste Hinweis auf den Unbekannten gewonnen werden: seine Blutgruppe. Der Mörder von Gertrud Kalweit gehört zu einer seltenen Spezies. Er hat die Blutgruppe AB, die weltweit nur vier Prozent der Menschen besitzen. Zudem ist der Mann ein sogenannter Ausscheider – sprich: die Blutgruppe ist in den Körperflüssigkeiten nachweisbar, was bei etwa 80 Prozent der Menschen der Fall ist. Und, so viel verrät Fröhlich: Es gibt weitere besondere Merkmale im Blut. Ein Tatverdächtiger könnte also durch einen Blutgruppen-

Abgleich und die Misch-DNA in arge Erklärungsnot geraten.

Auf der Suche nach dem Unbekannten bindet die Ermittlungsgruppe die Operative Fallanalyse aus München mit ein. Deren Aufgabe ist es, objektive Tatdaten einer neuen Bewertung zu unterziehen und mit ähnlich gelagerten Verbrechen zu vergleichen. Es gäbe zwar mehrere Personen, die grundsätzlich als Tatverdächtige angesehen wurden. Derzeit reichen die Beweise aber nicht für eine konkrete Anschuldigung aus, sagt Fröhlich. Eine Spur zu einem verurteilten Serienmörder, der ins Täterprofil passen würde, kann nicht mehr überprüft werden. Der Mann, der in Norddeutschland lebte, aber in ganz Deutschland unterwegs war, ist bereits tot. Die Überprüfung eines Sexualverbrechens, dem wenige Jahre nach Gertrud Kalweit eine 60-jährige Lehrerin im 15 Kilometer entfernten Leidersdorf (Lkr. Amberg-Sulzbach) zum Opfer fiel, bringt das Team ebenso wenig voran. Die Leichenfunde hätten sich stark geähnelt, sagt Fröhlich. In Leidersdorf habe der Täter die Frau mit seinem Auto vom Rad gefahren, sie eine Böschung hinabgestoßen, vergewaltigt, gewürgt und mit 21 Messerstichen getötet. Die Polizei fasst einen 34-jährigen US-Soldaten, der 1985 zu lebenslanger Haft verurteilt wird. Die Tat hat er vor Gericht nicht zugegeben. Im Fall Kalweit scheidet er als Täter aus. Seine Blutgruppe ist nicht AB.

Um mehr Informationen zu erhalten, holt die EG „Stadtgraben" jene Kollegen ins Boot, die unmit-

> „DERZEIT REICHEN DIE BEWEISE ABER NICHT FÜR EINE KONKRETE ANSCHULDIGUNG AUS."

telbar nach dem Verbrechen den Fall bearbeitet haben. Ein eher ungewöhnliches Vorgehen. Mögliche Erkenntnisse, die sich das Team um Fröhlich aus den damaligen Wahrnehmungen erhofft, bleiben aus. Es sei dadurch aber klar geworden, dass sich schon vor 40 Jahren durchaus heiße Spuren ergeben hätten. Trotz intensiver Arbeit gelang es den Ermittlern nicht, den Täter aufzuspüren. Denn aus den Ermittlungsspuren ließ sich der entscheidende Hinweis nicht ableiten. War Gertrud Kalweit ein Zufallsopfer oder kannte sie den Täter? Sind die Gegenstände, die in der Nähe des Tatortes gefunden wurden, mit dem Verbrechen in Verbindung zu bringen oder lagen sie zufällig dort?

Das schwerwiegendste Problem: Wo soll nach dem Täter gesucht werden? „Der Ami war es!" Dieses Gerücht hält sich bis heute in Amberg hartnäckig, wenn die Rede auf die ermordete Fabrikarbeiterin kommt. Befeuert wurde es unmittelbar nach der Tat durch die „Bild"-Zeitung. In dem Boulevardblatt hieß es, ein US-Soldat sei als Tatverdächtiger festgenommen und in der Kaserne eine Ausgangssperre verhängt worden. Der damalige Kripo-Chef Georg Blank dementierte in den Lokalblättern die Spekulationen. „Das ist erstunken und erlogen", wetterte er. Allerdings hat der nachfolgend zuständige Sachbearbeiter, Erster Polizeihauptkommissar Johann Schreier, Jahre später in einem Zeitungsinterview offenbart, „dass man davon ausgehen müsse, dass der Mörder von Gertrud Kalweit längst in sein Heimatland zurückgekehrt sei".

War der Täter also nur zeitweise in der Stadt? Auch die EG „Stadtgraben" geht dieser Frage intensiv nach. Geschätzt 40.000 Soldaten waren 1980 rund um den US-Truppenübungsplatz Grafenwöhr in der Oberpfalz stationiert. Eine Aufklärungsschwadron war in der Amberger Möhlkaserne untergebracht. Deshalb schalteten sich auch vier Agenten des CID, der US-Militärstrafverfolgungsbehörde, sofort in die Ermittlungen ein. Unter anderem verteilten sie Flugblätter in der Kaserne. Ein Soldat meldete sich daraufhin und berichtete, dass er in der betreffenden Nacht an der Stadtmauer das Zischen einer Katze gehört habe. Als er zurückgezischt habe, soll eine Stimme mit Südstaaten-Akzent geantwortet haben: „Leave me alone, I'm fucking." Eine Täterbeschreibung konnte der Soldat nicht abgeben und geriet mit dieser Geschichte selbst ins Visier der Polizei. Doch der Blutgruppen-Abgleich rettete ihn.

Auch andere gemeldete Beobachtungen können nie verifiziert werden. So bleibt offen, wer ein ominöser Mann mit Hut war, der in der Nacht in der Nähe des Tatortes von einem Radfahrer touchiert wurde, dies aber nicht zur Anzeige brachte. „Vielleicht hat der Radfahrer den Mann mit Hut erfunden, um herauszufinden, wie weit die Polizei in diesem Fall schon mit ihren Ermittlungen ist?", verdeutlicht Fröhlich die Problematik. Überhaupt, so sagt Fröhlich, stoßen die Sachbearbeiter in diesem Cold Case allein schon aufgrund des großen Zeitabstandes immer wieder an Grenzen. Spuren sind nicht mehr weiter abzuklären, weil Zeugen gestorben sind. Die rund 60 Hinweise, die während der neuen Ermittlungen eintreffen, sind teilweise bereits über Generationen weitererzählt. So auch der Hinweis auf einen Schrei in jener Nacht im Stadtgraben und auf ein amerikanisches Fahrzeug, das in der Nähe des Tatortes gesehen worden sei. Mehr als das „amerikanische Design" ist von der Augenzeugin an die Enkel nicht überliefert worden. „Damit ist wenig anzufangen", sagt Fröhlich.

Bereits 1980 hatte die Polizei alle bekannten Sexualstraftäter überprüft, ebenso alle verurteilten Gewaltverbrecher, die Kollegen und Nachbarn des Opfers und den Kreis der Zeugen. Mehr als 600 Personen. Die EG „Stadtgraben" überarbeitet das Profil noch einmal. Männer, die vor 1965 geboren wurden und 1980 in der Stadt lebten, kämen grundsätzlich als Täter in Frage, sagt Fröhlich. Doch wie lässt sich in der damaligen Soldatenstadt – neben der US-Army war auch die Bundeswehr dort stationiert – diese Person aus zigtausenden herausfiltern?

> **MÄNNER, DIE VOR 1965 GEBOREN WURDEN UND 1980 IN DER STADT LEBTEN, KÄMEN GRUNDSÄTZLICH ALS TÄTER IN FRAGE.**

Hilft bei dieser Suche die Ratschenverlängerung „Made in USA" weiter, die in der Nähe der Leiche gefunden wurde? Es stellt sich heraus, dass das Werkzeug nicht zwingend mit der US-Army in Verbindung gebracht werden muss. Die Bundeswehr hat zu jener Zeit ausrangierte Panzer der amerikanischen Streitkräfte übernommen und damit auch das dazugehörige Werkzeug. Und noch etwas bringen Fröhlich und ihre Kollegen ans Licht: Die Panzer waren störungsanfällig und blieben häufig schon wenige Meter nach dem Kasernentor liegen. Die Ratschenverlängerung könnte also nach einer Reparatur auch einfach im Stadtgraben vergessen worden sein. „Dies könnte eine mögliche Erklärung für die Existenz in der Nähe des Leichenfundortes sein", sagt die Sachbearbeiterin.

Und dann ist da noch „Texas-Willi". Diese Recherche führt die Ermittlungsgruppe hinein bis ins Rotlichtmilieu. Es ist ein Hinweis, der eintraf, als das Privatfernsehen einen Beitrag über den ungeklärten Mordfall ausstrahlte. Daraufhin meldete sich ein Zuschauer, der Ende der 1980er Jahre im Amberger Raum lebte. Er kenne den Mörder von Gertrud Kalweit, behauptete er. Es sei der „Texas-Willi" gewesen, angeblich ein Kollege der Arbeiterin aus der Emaille-Fabrik. Der Unbekannte, dessen bürgerlichen Namen der Informant nicht nennen kann, soll abends in der Kneipen- und Discoszene sowie im Rotlichtmilieu der Stadt unterwegs gewesen sein. Einen roten Jeep mit auffälliger texanischer Flagge habe er gefahren und einen ungewöhnlichen Kinnbart

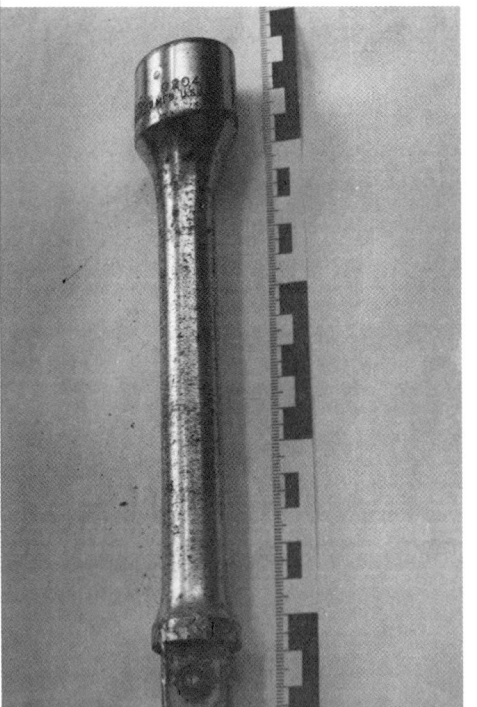

Diese Ratschenverlängerung lag in der Nähe der ermordeten Frau. Sie könnte womöglich einen Hinweis auf den Täter liefern. Foto: Stöcker-Gietl

getragen. Offenkundig eine extrovertierte Person, die, sollte sie tatsächlich 1980 in Amberg unterwegs gewesen sein, wohl einigen im Gedächtnis geblieben wäre. Die Polizei schreibt der Aussage keine große Bedeutung zu. Dennoch will sie nichts unversucht lassen und geht auch diesem Hinweis nach. Doch den „Texas-Willi", das kann Fröhlich inzwischen bestätigen, kannte in Amberg niemand.

Mit diesem Zementbrocken schlug der Täter auf sein Opfer ein. Foto: Stöcker-Gietl

Im Sommer 2020 fasst die EG die jüngsten Ermittlungsergebnisse erneut in einem Bericht an die Staatsanwaltschaft Amberg zusammen. „Wir haben akribisch gearbeitet, konnten viele Widersprüche klären, mit hartnäckigen Gerüchten aufräumen und sogar wichtige neue Erkenntnisse gewinnen", sagt Fröhlich. Aber einen Täter kann sie nicht präsentieren.

Das Ende der Ermittlungen bedeutet das nicht. „Man weiß nie, welche Wendungen sich noch ergeben. So mancher Hinweis, der erst bedeutungslos erschien, entpuppte sich in anderen Fällen als der entscheidende zur Klärung", betont Fröhlich. In Sicherheit wiegen kann sich der Mörder von Gertrud Kalweit nicht. Sofern er sein dunkles Geheimnis nicht bereits mit ins Grab genommen hat. ✖✖✖

Landkreis Straubing-Bogen

TRENNUNG BIS ZUR LETZTEN KONSEQUENZ

Sie spricht von ihrem Traummann, ihrem großen Glück, ihrem Seelenverwandten. 2010 lernt Sybil den aus einem Adelsgeschlecht stammenden Peter kennen. Alles scheint perfekt. Acht Jahre später greift die Zahnärztin nach einem Pizzeriabesuch zu einer Drahtschlinge und erdrosselt den 69-Jährigen.
Seine Leiche versteckt sie in Tschechien.
Ein kaltblütiger Mord? Vor Gericht zeigt sich: Nichts ist so, wie es scheint.

Die Frau mit dem blonden, schulterlangen Haaren grüßt freundlich in den Zuschauerraum von Sitzungssaal 104 im Landgericht Regensburg. Dr. Sybil von Z. trägt ein dezent gemustertes Wickelkleid mit langer Strickweste. Sie sieht jünger aus als 61 Jahre. Den Mund-Nasen-Schutz, den ihr Michael Haizmann, einer ihrer drei Verteidiger, reicht – weltweit grassiert im März 2020 das Corona-Virus – lehnt sie ab. Die Kinderzahnärztin schützt sich auch nicht vor dem Blitzlichtgewitter der Fotografen. Einen Aktenordner, hinter dem sich Angeklagte üblicherweise verstecken, hat sie unter den Arm geklemmt. Sie will, so scheint es, ihr Gesicht nicht verbergen. Ihre Fotos sind sowieso im Internet zu finden. Auch in einem Forum, das sich mit dem Thema „Menschen, die nicht wie Mörder aussehen" beschäftigt.

Hat Sybil von Z. ihren Mann mit einer Drahtschlinge, einer sogenannten Garrotte, im gemein-

Die 61-Jährige, die aus der Justizvollzugsanstalt Regensburg in den Gerichtssaal gebracht wurde, zeigte ihr Gesicht offen den Fotografen.
Foto: Tino Lex

samen Wohnhaus getötet und den Leichnam in Tschechien in einem Wald abgelegt? Die Staatsanwaltschaft Regensburg wirft der Zahnmedizinerin vor, aus Habgier einen Mord begangen zu haben. Sie habe im Falle einer Scheidung das herrschaftliche Anwesen, das sie zusammen mit ihrem dritten Ehemann in einer ländlichen Gegend in Niederbayern gekauft und aufwendig saniert hatte, nicht aufgeben wollen, glauben die Ermittler. Sybil von Z. sagt dazu nichts vor der Schwurgerichtskammer, die von Richter Dr. Michael Hammer geleitet wird. Ihr Verteidiger Haizmann erklärt: „Unsere Mandantin nimmt für sich in Anspruch, in Notwehr gehandelt zu haben."

Intimizide, also Tötungen des Partners oder der Partnerin, werden zu 80 Prozent von Männern begangen. Wissenschaftliche Studien belegen: Männer ermorden ihre Partnerinnen vor allem dann, wenn ihr Selbstbild durch das drohende Ende der Beziehung erschüttert wird. Frauen töten meist, um sich gegen einen gewalttätigen Partner zu wehren. Der forensische Psychiater Hans-Ludwig Kröber hat 2019 in einem Interview mit der Wochenzeitung „Die Zeit" gesagt: „Frauen finden meist bessere Wege, sich zu rächen und anderen zu schaden." Sybil von Z., die von Zeugen als gebildete, lebenserfahrene und teamfähige Frau beschrieben wird, hat offenbar keinen anderen Ausweg mehr gesehen. So wird sie es den Gutachterinnen schildern, die die psychische Verfassung und damit die Schuldfähigkeit bewerten. „Ich weiß

> „FRAUEN FINDEN MEIST BESSERE WEGE, SICH ZU RÄCHEN UND ANDEREN ZU SCHADEN."

Sybil von Z. wurde von einem Verteidigertrio vertreten: Michael Haizmann (rechts), Johannes Büttner und Dr. Annette von Stetten.
Foto: Tino Lex

nicht, wie ich es hätte anders machen sollen. Wenn ich es nicht getan hätte, hätte er es getan."

Wie konnte es so weit kommen, dass aus Liebe tödlicher Hass wird? Da die Angeklagte dazu schweigt, muss sich das Gericht auf Basis von Zeugenaussagen seine Meinung bilden. Unstrittig ist, dass der 69-jährige Peter von Z. nach einem Besuch in einer Pizzeria in der Nacht des 23. November 2018 erdrosselt wurde. Seine nackte Leiche finden Spaziergänger zwei Tage später in der Nähe des Wanderweges „Schwarzenberger Schwemmkanal" unweit der Ortschaft Nová Pec neben einem Waldweg. Weil sich trotz der Veröffentlichung eines Fotos des Toten zunächst niemand bei der Polizei meldet, wird der Rentner erst drei Wochen später identifiziert – anhand der registrierten Nummer seines Hüftimplantates, denn Zähne hatte er nicht mehr. Nicht nur die Striemen

> DIE STRIEMEN AN HALS UND IN MUNDNÄHE LEGEN NAHE, DASS ES SICH HIER UM DAS OPFER EINES VERBRECHENS HANDELT.

an Hals und in Mundnähe legten nahe, dass es sich hier um das Opfer eines Verbrechens handelt. Im Mund der Leiche wird ein ölgetränktes Handtuch sichergestellt. Jemand hatte versucht, den Körper in Brand zu stecken, was allerdings misslang.

Als Polizeibeamte Sybil von Z. wenige Tage vor Weihnachten die Todesnachricht überbringen, wirkt sie überrascht. Sie sei davon ausgegangen, dass ihr Mann nach England oder Portugal gereist sei. Die Beziehung habe sich in der Trennungsphase befunden, sagt die Zahnärztin. In der Todesanzeige, die sie kurz darauf in der Tageszeitung schaltet, klingt das allerdings ganz anders. „Unfassbar", lässt sie drucken. „Wir fühlen nur noch Trauer, Dunkelheit und Schwere. Mein geliebter Mann, mein ganzes Glück, ist nicht mehr da." Eine von vielen Legenden, die die Frau in der Öffentlichkeit verbreiten wird. Das wirft ihr später das Gericht vor. Sie habe „ihr Charisma und ihre Intelligenz eingesetzt, um ihre Umwelt nach der Tat zu belügen", sagt Vorsitzender Richter Hammer.

> „SIE HABEN IHR CHARISMA UND IHRE INTELLIGENZ EINGESETZT, UM IHRE UMWELT NACH DER TAT ZU BELÜGEN."

Die ahnungslose Witwe nimmt ihr die Polizei allerdings von Anfang an nicht ab. Denn bei Überprüfungen im privaten Umfeld gibt es Auffälligkeiten. Die Videoüberwachung auf dem Anwesen wird am Tatabend ausgeschaltet und erst am nächsten Morgen wieder hochgefahren. Der Mercedes SUV der Angeklagten wird von einer Videokamera in der Tatnacht in der Nähe des Ablageortes der Leiche registriert. Ein zusätzliches Missgeschick, das der Angeklagten unterläuft: Das Handy ihres Mannes, das sie in München entsorgt hat, wird gefunden und gelangt zur Polizei. Dabei stellt sich heraus, dass sich das Gerät in der Todesnacht ins tschechische Mobilfunknetz eingeloggt hatte. Und dann ist da noch das Gärtnerpaar, das mit auf dem Anwesen lebt. Welche Rolle spielt es? Haben die beiden der Angeklagten geholfen, den Toten aus dem Haus zu schaffen? Zu diesem Thema wird sich das Gericht in seinem Urteil ausführlich äußern.

Gegenüber der Polizei gesteht die Zahnärztin bei ihrer Festnahme im Februar 2019 die Tötung. Und sie betont, alleine gehandelt zu haben. Die Gärtner hätten nichts mit der Tat zu tun. Sie will die Garotte, jene Drahtschlinge, die sie Peter von Z. um den Hals schlang, Tage zuvor in dessen Kleiderschrank gefunden haben. Sie habe sich informiert, wie man sich gegen einen Angriff mit diesem Werkzeug wehren kann. Tagelang habe sie nicht gewusst, was sie mit diesem Fund anfangen

Eine Garrotte, das mutmaßliche Tatwerkzeug, besteht aus einem Draht sowie zwei einfachen Griffen. Foto: Heiner Stöcker

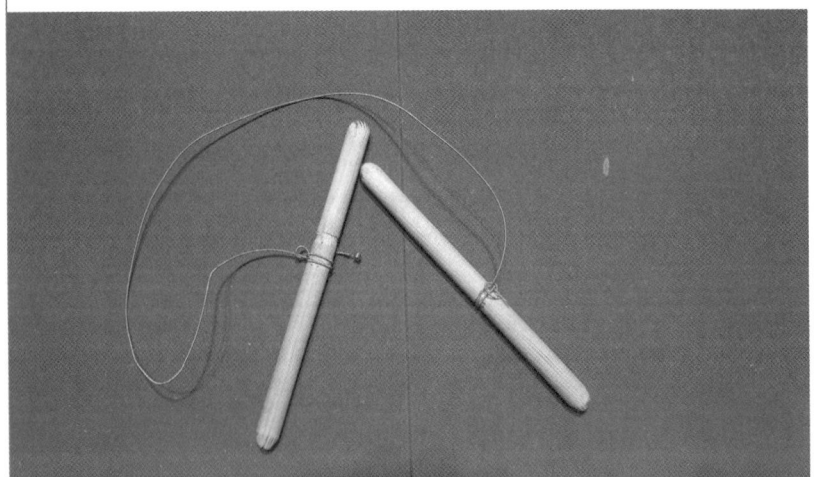

sollte, sagte sie in der Vernehmung. Sie habe nicht den Gedanken gehabt, ihren Mann zu töten. Sie habe ihren Mann lediglich damit konfrontieren wollen, weshalb es dann zu dem tödlichen Kampf gekommen sei. „Ich bin mir hundertprozentig sicher, dass Peter mich umbringen wollte. Er wollte mich zerstören. Weil er sauer war. Weil ich nicht mehr der Cheerleader war, den er haben wollte", sagte Sybil von Z.

Als die ermittelnden Polizeibeamten vor Gericht diese Passagen aus der Vernehmung wiedergeben, fließen bei der Angeklagten Tränen. Immer wieder muss sie sich die Augen wischen und die Nase putzen. Mehrfach bitten die Verteidiger um Unterbrechungen, damit sich ihre Mandantin sammeln kann. Verteidigerin Annette von Stetten sagt in ihrem Plädoyer: „Die Einzige, die hier wirklich um Peter weint, ist die Angeklagte. Sie hat ihren Lebenspartner verloren, sie trauert um ihn."

Bei ihren Töchtern, die an allen Prozesstagen dabei sind, hält sich die Trauer um den Partner der Mutter dagegen in Grenzen. Zeugen bestätigen, dass sie kein gutes Verhältnis zu ihm hatten. Der Stiefvater sei ihnen ablehnend gegenübergestanden. Sie seien auch in der Villa nicht willkommen gewesen. Die beiden jungen Frauen, Anfang und Ende zwanzig, sind in jenen Prozessmomenten besonders aufgewühlt, in denen es um die Gefühle und die Verfassung der Angeklagten geht. Etwa, als die Polizeibeamten schildern, wie Sybil von Z. ihre Sorge um die Kinder thematisierte. Sie habe

> „ICH BIN MIR HUNDERTPROZENTIG SICHER, DASS PETER MICH UMBRINGEN WOLLTE. ER WOLLTE MICH ZERSTÖREN."

> "ICH HABE NUR NOCH GEDACHT, WENN ER WIEDER AUFSTEHT, MACHT ER ALLE KAPUTT. ERST MICH UND DANN AUCH DIE KINDER."

sich gewehrt, um selbst zu überleben. „Ich habe nur noch gedacht, wenn er wieder aufsteht, macht er alle kaputt. Erst mich und dann auch die Kinder. Aber meine Kinder brauchen mich doch." Die Rolle der Töchter wird im Urteil eine entscheidende Bedeutung erhalten. Denn sie, davon ist das Gericht überzeugt, sind der wahre Grund, warum Peter von Z. sterben musste.

Es ist ein Moment, der alles verändert, als sich die elegante Geschäftsfrau und der zehn Jahre ältere Rentner erstmals begegnen. 2010 lernen sie sich bei einem Dinner in Windsor kennen. Es ist Liebe auf den ersten Blick. Der geschiedene Aristokrat, gebürtig im Rheinland, war als Dreijähriger mit seinen Eltern übergesiedelt und nahm die britische Staatsbürgerschaft an. Er baute einen Kosmetikvertrieb auf. Doch der geriet in die roten Zahlen. Die Kinderzahnärztin versucht sich mit zwei Praxen auf der Insel zu etablieren, als sie den charmant auftretenden Mann kennenlernt. Anfangs ist sich Sybil sicher, dass sie diesmal – nach zwei gescheiterten Ehen – das ganz große Glück an Land gezogen hat. Das Paar gibt sich so verliebt, dass sogar die Presse aufmerksam wird. In einem Artikel der britischen Zeitung „Daily Mail" schwärmen sie über ihre Traumbeziehung. Nach vier Monaten habe ihr Peter einen Heiratsantrag gemacht, erzählt Sybil. Sie selbst habe sich schon beim ersten Kennenlernen in den Mann verliebt. Sie berichtet begeistert, sie seien sich so ähnlich, dass es schon „unheimlich" sei. Peter von Z.

beschreibt die neue Partnerin an seiner Seite als absolut passend. 2015 heiraten sie und kaufen das Anwesen in Niederbayern.

In der Beziehung überlässt Sybil ihm, dem extrovertierten Lebemann, die Hauptrolle. Gegenüber Außenstehenden prahlt Peter von Z. gerne mit seinen beruflichen Erfolgen, seiner vornehmen Herkunft und dem luxuriösen Leben, das er sich leistet. Er sonnt sich, das wird die Beweisaufnahme ergeben, im finanziellen Erfolg seiner Ehefrau. Denn sie finanziert mit ihrem Einkommen den Lebensstil. Sie schweigt, wenn er selbst beim Einkauf im Getränkemarkt seine wertvollen Breitling-Uhren vorführt, wenn er Nachbarn, Bekannte bis hin zur Kellnerin seiner Stammpizzeria in das über 24.000 Quadratmeter große Anwesen mit birkengesäumter Auffahrt und parkähnlichem Garten einlädt. An Silvester ist die ganze Dorfgemeinschaft willkommen. Peter, so sagt die Ehefrau in einem Gespräch mit der psychiatrischen Gutachterin, habe gerne den Gastgeber gespielt. „Seine Hauptaufgabe war gesellig zu sein."

> ER SONNT SICH [...] IM FINANZIELLEN ERFOLG SEINER EHEFRAU. DENN SIE FINANZIERT MIT IHREM EINKOMMEN DEN LEBENSSTIL.

Die Zeugen bewerten das Auftreten des selbstbewussten Rentners weit weniger positiv. Der englische Lord sei nicht das gewesen, was er vorgab zu sein, sagt eine Kollegin der Angeklagten. „Er war arrogant und hat sich nicht so benommen, wie man es von einem Adeligen erwarten würde." In den sozialen Netzwerken habe er gegen Flüchtlinge gehetzt, bestätigen gleich mehrere Befragte. Zudem habe er versucht, zu den jüngsten Mitarbeiterinnen in der Praxis privaten Kontakt über Facebook aufzubauen. „Ich habe mich in seiner Gegenwart nicht wohl gefühlt", umschreibt es eine Zahnarzthelferin. Auch von nicht zu übersehendem Alkoholkonsum ist die Rede.

Was Peter von Z. für ein Mensch war, will das Landgericht Regensburg auch von dessen Ex-Frau und deren Sohn aus einer anderen Beziehung wissen und schaltet dafür eine Telefonkonferenz nach Großbritannien – wegen der weltweiten Reisebeschränkungen in der Corona-Krise können sie nicht persönlich geladen werden. Beide Befragte bestätigen, was sich in der Beweisaufnahme zu diesem Zeitpunkt längst abzeichnet: Peter von Z. war ein Mensch mit zwei Gesichtern. „Beide Frauen berichten von denselben Erlebnissen", fasst Verteidiger Johannes Büttner in seinem Plädoyer zusammen. „Anfangs ist es wunderbar. Er ist ein Frauenmagnet, charmant, immer lustig. Aber im Laufe der Beziehung wächst seine Aggressivität, er wird launischer, auch manipulativ." Bei ihrer psychiatrischen Begutachtung sagt Sybil von Z.: „Es konnte wunderschön mit ihm sein, er konnte seinem Umfeld das Leben aber auch zur Hölle machen. Er war wie Dr. Jekyll und Mr. Hyde."

> „ER WAR WIE DR. JEKYLL UND MR. HYDE."

Die unsympathische Seite arbeiten die Verteidiger mit einem weiteren Zeugen heraus, der aus der Schweiz per Video zugeschalten wird. Ein früherer Nachbar des Toten berichtet von einem sich immer mehr verschlechternden Verhältnis, bis es im Jahr 2007 zu einem Angriff kam. Alkoholisiert hatte Peter von Z. zunächst mit einer Pistole auf Flaschen geschossen. Als der Nachbar an den Zaun trat und bat, dies wegen der im Garten spielenden Kinder zu unterlassen, richtete er die Waffe auf ihn und drückte mindestens sechsmal ab. Ein Schuss traf den Familienvater in die Schulter, die Verletzung musste im Krankenhaus behandelt werden. Peter von Z. wurde zu einer 15-monatigen Haftstrafe verurteilt. „Das muss man erst einmal sacken lassen, wenn es um die Person Peter von Z. geht", sagt Büttner.

Prozesse, in denen sich das Opfer nicht wehren kann, in denen, wie im Fall Peter von Z., keine Familienmitglieder eine Nebenklage beantragen, führen zwangsläufig zu einer Unwucht. Vor dem inneren Auge der Zuhörer hat sich von Prozessbeginn an ein negatives Bild des Opfers verfestigt. Ein Mensch, der sich wohl selbst am nächsten war. Ein Unsympath. Ein Wichtigtuer. Ein Schmarotzer. Keine einzige Zeugenaussage rückt diesen subjektiven Eindruck zurecht. Deshalb erhebt Staatsanwalt Thomas Kamm in seinem Plädoyer die Stimme für Peter von Z.: Er wolle das Opfer nicht als „Unschuldsengel" hinstellen, er wolle aber deutlich machen, dass es den Äußerungen nichts mehr entgegensetzen könne. „Er war wohl kein angenehmer Mensch, er hat Straftaten begangen, hat sich rassistisch geäußert, eventuell sexuelle Anspielungen von sich gegeben." Aber er sei nie gewalttätig gegenüber seiner Frau geworden. Selbst an jenem Abend nicht, als Sibyl von Z. die Polizei rief, weil ihr Mann Bilder von den Wänden riss und zertrümmerte. Lediglich der Ton in der Beziehung veränderte sich an diesem Tag. „Jetzt bist du zu weit gegangen", sagte er zu seiner Frau. Wenige Tage später war Peter von Z. tot.

Das Verbrechen ist bis heute Gesprächsthema in dem kleinen Ort im Landkreis Straubing-Bogen. Auch weil ein Teil der Nachbarschaft vor Gericht aussagen muss. Das elegante Paar hatte von Anfang an Aufmerksamkeit erregt. Sie beschäftigten Gärtner und bestellten fortlaufend Handwerker ein, um das in die Jahre gekommene Anwesen wieder auf Vordermann zu bringen. Die Villa war zuvor lange Zeit leer gestanden. Denn dort hatte es schon einmal einen gewaltsamen Tod gegeben, erfahren die Journalisten von den Einheimischen. Einen Suizid mit einer Schusswaffe. Und nun die Garrotte. Ein ungewöhnliches Mordinstrument. Die Cosa Nostra, die Mafia in Sizilien, hat es verwendet. In Spanien wurden unter Diktator Franco bis 1974 Todesurteile damit vollstreckt. Die Opfer sterben qualvoll und langsam durch Ersticken. Peter von Z., das bestätigt der Rechtsmediziner, sei mit einem Strangulationswerkzeug getötet worden, das zeigen die Verletzungen. Ob die Angeklagte dafür eine Garrotte benutzte, kann das Gericht am Ende nicht zweifelsfrei klären. Denn das Tatwerkzeug bleibt unauffindbar. Es spielt letztlich aber keine Rolle für die Urteilsfindung.

Denn es geht nicht um das Wie, sondern das Warum. Warum löst sich eine Frau, der die Gutachter eine Intelligenz an der Grenze zur Hochbegabung attestieren, eine erfolgreiche Geschäftsfrau, die nie straffällig geworden ist, nicht anders aus einer belastenden Beziehung? Warum sucht sie sich zwar einen Scheidungsanwalt, informiert sich über die Vermögensteilung, aber tötet, statt zu gehen? Vorsitzender Richter Hammer fragt vielfach nach, wann und wie sich die Angeklagte und deren Verhältnis zu Peter in der Zeit vor der Tat veränderte. Er will so die Lücken schließen, die die 61-Jährige durch ihr Schweigen vor Gericht hinterlässt. Aus dem unvollständigen Puzzle lässt sich ablesen, dass Sybil von Z. die Marotten und den Geltungsdrang ihres Mannes lange wortlos akzeptiert und ihn nie in der Öffentlichkeit kompromittiert. Sie duldet, dass Peter von Z. auf ihre Kosten lebt und dabei den gutsituierten Lebemann spielt. Er selbst bezieht lediglich eine für seinen Lebensstil kleine Rente und verdient mit dem Vertrieb kosmetischer Moorprodukte etwas dazu. In der Zahnarztpraxis seiner Frau ist er als Minijobber angestellt. Bis zu mehreren tausend Euro verbraucht der 69-Jährige im Monat. Sybil von Z. gewährt ihm freien Zugang zu einem gemeinsamen Konto, das sie mit ihren Einkünften speist. Erst vier Wochen vor der Tat zieht sie die Reißleine und eröffnet ein Konto, auf das nur sie zugreifen kann. Zur Gutachterin sagt sie nach der Tat: „Ich habe viel Geld, aber für ihn war es nie genug."

MUSSTE PETER VON Z. STERBEN, WEIL SEINE FRAU IHR VERMÖGEN SICHERN WOLLTE?

Die Finanzen sind in der Beweisaufnahme ein zentraler Punkt. Musste Peter von Z. sterben, weil seine Frau ihr Vermögen sichern wollte? Viele Rechnungen werden aufgemacht. Verbindlichkeiten auf Haus und Praxis mit Einkünften, Bankkonten und Lebensversicherungen gegengerechnet.

Von der Kripo ebenso wie von den Verteidigern. Ist die Zahnärztin eine wohlhabende Frau, wie ihre Anwälte sagen, oder war sie zum Todeszeitpunkt ihres Mannes mit der Villa und ihrer Praxis hoch verschuldet, was die Ermittler vorbringen? Die Anwälte betonen, sie wäre in der Lage gewesen, sich finanziell von einer Trennung ihres dritten Ehemanns zu erholen. Peter von Z. hätte im Falle einer Scheidung finanziell aber deutlich mehr profitiert. Das Ziel der Verteidigerseite ist klar: den Vorwurf der Habgier zu entkräften; deutlich zu machen, dass hier keine eiskalte Mörderin sitzt, die des Geldes wegen getötet hat.

> PETER VON Z. HÄTTE IM FALLE EINER SCHEIDUNG FINANZIELL DEUTLICH MEHR PROFITIERT.

Im juristischen Sinne bedeutet das Mordmerkmal der Habgier das „rücksichtslose Streben nach Vermögensvorteilen um den Preis eines Menschenlebens". Die Ankläger bleiben dabei, dass die Angeklagte im Falle einer Scheidung das parkähnliche Anwesen mit dem 563 Quadratmeter großen Wohnhaus nicht verlieren wollte. Die Zahnärztin hatte für den Kauf und die umfassende Sanierung des 1960 errichteten Wohnanwesens den weitaus größeren finanziellen Anteil gestemmt und bürgt für die Darlehen. Dennoch verzichtete sie auf einen Ehevertrag. Der Besitz hätte bei einer Scheidung geteilt werden müssen. Dass ihr das Haus im Landkreis Straubing-Bogen viel bedeutete, das lässt sich aus E-Mails und WhatsApp-Nachrichten sowie Bildern in sozialen Netzwerken schließen. Der weitläufige Garten mit dem riesigen Fischteich, auf dem ein Dutzend Enten seine Bahnen zog, mit den Vogelvolieren, in denen vier Pfauen lebten, die jetzt im Straubinger Tierpark untergebracht sind, und den Hasenställen war ihre Freude. Aber dass sie dafür bereit war, den Tod eines Menschen in Kauf zu nehmen, das zeichnet sich in der Beweisaufnahme nicht ab. Dennoch sieht Staatsanwalt Kamm das Mordmerkmal erfüllt und fordert eine lebenslange Freiheitsstrafe. „Für mich bleibt allein die finanzielle Situation." Sybil von Z. habe „gefühlte Geldprobleme" gehabt. „Für sie wäre es ärgerlich gewesen, Peter von Z. auszuzahlen. Das wollte sie nicht."

Verteidiger Michael Haizmann sagt: „Das Tragische ist, dass hier eine kluge und erfolgreiche Frau sitzt, die sich einmal nicht im Griff hatte und damit jetzt ihr Leben zerstört hat." Die Verteidiger bleiben ihrerseits dabei, dass ihre Mandantin in Notwehr gehandelt hat oder zumindest in eine notwehrähnliche Lage geraten sei und sehen maximal einen Totschlag in einem minderschweren Fall. Das Verhalten vor und nach der Tat sei „wirr" gewesen. „Das war nicht planvoll, sondern diente dazu, die Tat zu verschleiern."

Die Angeklagte, die den gesamten Prozess hinweg schweigend neben ihren Anwälten saß, überrascht am Ende mit einer Aussage, mit der so wohl niemand gerechnet hat: Sybil von Z. liest ein in der Untersuchungshaft verfasstes Gedicht vor. Ein Gedicht, in dem sie die Tat einräumt: „Ich wollte es nicht, aber ja, er ist gestorben. Ich plante es nicht, aber ja, er ist gestorben." Sie endet mit den dramatischen Worten: „Beschwöre es bei meinem Leben. Sie müssen mir Freiheit geben."

Unter Vorsitzendem Richter Dr. Michael Hammer (Mitte) fällte die Schwurgerichtskammer das Urteil: Neun Jahre Haft wegen Totschlags. Foto: Tino Lex

Das Gericht schließt sich diesem Wunsch nicht an. Es verurteilt Sybil von Z. wegen Totschlags zu einer neunjährigen Freiheitsstrafe. Nicht das Geld sei das leitende Motiv gewesen, sagt Vorsitzender Richter Hammer. Deshalb sei auch das Mordmerkmal der Habgier nicht erfüllt. Die Angeklagte habe gehandelt, „weil sie in mehrfacher Hinsicht ihr Lebensglück bedroht sah". Die Spannungen zwischen ihrem sich zusehends ins Negative verändernden Mann und den Töchtern dürften das wahre Motiv sein, glauben die Richter. „Das Weihnachtsfest stand bevor. Ein Fest, das der Angeklagten wichtig war. Sie wollte sicherstellen, dass sie es in Ruhe mit ihren Töchtern verbringen konnte." Peter von Z. sei ein Hindernis gewesen. Ein Hindernis, das beseitigt werden musste. Er stand dem

Leben, das sich Sybil für die Zeit nach ihrem Ausscheiden aus der Zahnarztpraxis wünschte, im Weg. „Er war nicht mehr der warmherzige Ehemann, bot nicht mehr das Bild des Adeligen von imposanter Gestalt. Der, den sie aushielt, erfüllte seinen Zweck nicht mehr." Den Kampf, den die Kinderzahnärztin als Auslöser für die Tat vorbrachte, nimmt ihr das Gericht nicht ab. Deshalb habe sie auch nicht in Notwehr gehandelt. Und das Gärtner-Ehepaar? Es habe, wenn überhaupt, nur bei der Beseitigung der Leiche geholfen. Diese Frage, so sagt Hammer, könne für das Urteil offen bleiben.

Wenn aus Liebe Hass wird, dann kristallisieren sich bei Frauen zwei Motive für einen Mord heraus, hat Andreas Marneros, Professor für Psychiatrie und Psychotherapie an der Martin-Luther-Universität Halle-Wittenberg, in einer Studie herausgefunden: Entweder wurde die Täterin kurz vor der Tat von ihrem Opfer bedroht und wehrt sich durch eine impulsive Gewalttat. Oder sie befreit sich von einer leidvollen Beziehung, in der sie misshandelt wurde oder sich stark eingeengt fühlte – und aus der sie keinen anderen Ausweg mehr wusste. Eine Kollegin der Zahnärztin äußert im Prozess, was sich wie ein roter Faden durch Sybil von Z.s Leben zu ziehen scheint: „Sie wollte stark sein, aber eine Menge Leute haben sie ausgenutzt." ×××

Am Tag der Urteilsverkündung erlaubte der Vorsitzende Richter den Töchtern, nahe bei ihrer Mutter zu sitzen und ihre Hand zu halten. Foto: Tino Lex

INTERVIEW

DR. HANNA ZIEGERT

Psychiatrische Gutachterin

ist Fachärztin für Neurologie und Psychiatrie sowie Psychoanalytikerin in München. Seit über 30 Jahren ist sie als forensische Gutachterin tätig. Gemeinsam mit ihrer Tochter Nora hat sie das Buch „Die Schuldigen" veröffentlicht, in dem sie sich mit den Schicksalen von Menschen beschäftigt, die sie begutachtet hat.

Foto: Privat

Sie haben als psychiatrische Gutachterin viele Menschen begutachtet, die getötet haben. Würden Sie sagen, dass darunter Menschen waren, die „das Böse" verkörpern?

Nein, für mich gibt es keine Menschen, die von Grund auf böse sind.

In Ihren Gutachten erörtern Sie, ob ein Täter aus einer krankhaften Störung heraus gehandelt hat. Wie stellen Sie diese Diagnose und gibt es Fälle, in denen sich die Einordnung in schuldfähig oder nicht schuldfähig nicht eindeutig treffen lässt?

Es gibt Fälle, in denen es nicht so eindeutig ist. Aber wenn sich der Gutachter ausreichend Zeit nimmt, dann findet er bei jedem Menschen problematische Persönlichkeitsanteile. Bei Ihnen, bei mir, bei jedem. Je ausführlicher und länger ich begutachte, desto mehr Muster entdecke ich, die auf eine schwierige oder gar gestörte psychische Disposition zurückzuführen sind. In Friedenszeiten ist es nicht „normal", einen Menschen zu töten. Wenn ich mich also ausgiebig der Psyche des Täters widme, dann werde ich die Störung, die eine Straftat ermöglicht hat, auch finden.

Als Gutachterin bewegen Sie sich in einem Spannungsfeld zwischen Gericht, Anklage und Verteidigung. Wenn dann noch ein enormes Medieninteresse dazukommt, erhält die Einschätzung des Gutachters besondere Aufmerksamkeit und nicht selten auch Kritik. Braucht man als Gutachter ein dickes Fell?

Ja, durchaus. Es ist natürlich belastend, wenn man als Gutachter mit einem Täter quasi gleichgesetzt und angegriffen wird. Dann kann es wichtig sein, stets sachlich zu bleiben und möglichst kurz und knapp auf die Fragen des Gerichts, der Staatsanwaltschaft, der Verteidiger und Nebenkläger zu antworten. Vor allem ist es bedeutsam, nicht in die Rechtfertigung zu gehen, sondern die Position sachlich zu erörtern, die man durch die Exploration gewonnen hat. Mit der Ausnahme: Wenn sehr gute Argumente die Gutachter-Meinung infrage stellen, dann geht man natürlich darauf ein.

„FÜR MICH GIBT ES KEINE MENSCHEN, DIE VON GRUND AUF BÖSE SIND."

Welche Gutachten werden denn angegriffen?

In der Regel sind es diejenigen, die im Auftrag der Verteidigung erfolgen. Dabei ist im Strafgesetzbuch ausdrücklich vorgesehen, dass auch die dritte Partei, d. h. die Verteidigung, im Prozess einen Gutachter bestellen darf, nicht nur das Gericht und die Anklage. Doch diese Gutachten werden, meiner Erfahrung nach, in den Prozessen nicht gerne gesehen. Sie stören die Abläufe. Ich gehe sogar so weit zu sagen, dass die Gutachter, die von Seiten des Gerichts bestellt werden, wissen, was von ihnen erwartet wird. Beim NSU-Prozess in München wurde ich für ein Gegengutachten der Verteidigung angefragt. Das Oberlandesgericht hatte den Psychiater Henning Saß aus Aachen beauftragt, wie so oft. Er hat Beate Zschäpe für voll schuldfähig erklärt. Die Verteidiger von Frau Zschäpe wollten ein Gegengutachten, konnten es aber nicht bezahlen. Ein unbezahltes Gutachten gerät in den Verdacht der Befangenheit und ein Arzt darf nicht unentgeltlich arbeiten. Deshalb habe ich abgelehnt. Ein Kollege hat das dann übernommen, ist zu einem vom Gericht wohl unerwünschten Ergebnis gekommen und seine Expertise wurde abgelehnt und beim Strafmaß nicht berücksichtigt. Diese Vorgänge rund um die psychiatrische Begutachtung wurden von der Presse in seiner Bedeutung für die Rechtspflege nicht oder nur kaum erkannt.

Wenn sich Angeklagte nicht auf ein persönliches Gespräch mit dem Gutachter einlassen, müssen Sie Aktengutachten erstellen. Können solche Aktengutachten überhaupt eine zuverlässige Aussage über die Person treffen, über die das Gericht zu urteilen hat? Worin liegen die Schwierigkeiten?

Solche Aktengutachten sind üblich, wenn der vom Gericht /von der Staatsanwaltschaft beauftragte Gutachter von der Verteidigung abgelehnt wird. Ich fertige solche Gutachten nicht an, denn meiner Meinung nach handelt es sich dann um ein Ergebnis vergleichbar eines gynäkologischen Befundes, der über zwanzig Meter Distanz erhoben wurde. Vom BGH werden diese Aktengutachten gehalten und akzeptiert, da sonst die Verteidigung viel mehr Mitsprache bei der Auswahl des Sachverständigen hätte. Das muss in wichtigen Prozessen vermieden werden, wo sich das Gericht über die Auswahl des Sachverständigen den Einfluss auf das Ergebnis nicht aus der Hand nehmen lassen will.

Sie haben 1999 ein Gutachten über den sogenannten Joggerin-Mörder aus Regensburg erstellt, der auch Thema in diesem Buch ist. Damals erklärten Sie im Prozess, dass Sie den Mann für gefährlich wie ein offenes Taschenmesser hielten, gaben aber keine Zukunftsprognose. Der Mann war später der erste Jugendliche, der in nachträgliche Sicherungsverwahrung kam. Losgelöst von diesem Fall die Frage: Wenn jemand in so jungen Jahren eine so schwere Tat begeht, wie gut stehen die Chancen dann überhaupt für ein späteres „normales" Leben in Freiheit?

Wenn die Taten bereits in so jungen Jahren passieren, sind die Kriminal- und Sozialprognosen deutlich schlechter. Je früher die Tat geschieht und je schwerer sie ist, desto größer ist die Wahrscheinlichkeit, dass auch in Zukunft schwere Straftaten zu erwarten sind. Das Störungspotenzial ist in der Persönlichkeit dieser Menschen zu suchen.

Wie schwierig ist es, Zukunftsprognosen zu erstellen?

Prognose-Gutachten basieren auf der langjährigen Erfahrung der Gutachter und der Kenntnis der Fachliteratur. Der gesunde Menschenverstand weiß bereits, dass es sehr schwer ist, zuverlässig Prognosen zu erstellen, d. h. quasi in die Zukunft zu schauen. Als Gutachter erfährt man selten, ob man mit seiner Einschätzung richtig lag. Ich gehe davon aus, dass ich mich auch mal getäuscht habe.

Sie üben immer wieder scharfe Kritik an der Therapie von Straftätern, insbesondere im Maßregelvollzug. Was läuft in Ihren Augen falsch?

In den Einrichtungen im Maßregelvollzug wird kaum Psychotherapie im klassischen Sinn angeboten, da ausgebildete Psychotherapeuten dort nicht/wenig vorhanden sind, vor allem in den bayerischen Maßregelvollzugseinrichtungen. Es werden stattdessen Verhaltensregeln aufgestellt, an die der Straftäter/Patient sich zu halten hat, sonst wird er nicht „weitergestuft", d.h. der Aufenthalt verlängert sich ins Unendliche. Dieses Vorgehen wird von den betroffenen Menschen häufig als Drohung verstanden, wenn sie sich nicht anpassen wollen. Deshalb liegt es meiner Meinung nach nicht nur an den Strafgefangenen, wenn die Therapien nicht funktionieren. Den Mitarbeitern im MRV fehlt überwiegend die erforderliche psychotherapeutische Qualifikation, um insbesondere diese meist schwer gestörten Menschen zu behandeln. Im MRV sind Psychologen, Sozialpädagogen und auch Ärzte ohne weiterreichende Ausbildung beschäftigt. Gerade in Bayern, so stelle ich fest, sind die Defizite enorm. Es kann der Eindruck entstehen, die Justiz lege keinen Wert darauf, dass diese Arbeit von denen erledigt wird, die von Therapie eine Ahnung haben und dann mehr Geld kosten.

Mit welchen Folgen?

Im Maßregelvollzug werden Straftäter sehr lange untergebracht, wenn sie sich nicht anpassen können oder wollen. Bei Menschen mit Persönlichkeitsstörungen sieht man das häufiger. Sie sind viel länger im MRV, als möglicherweise die Haftstrafe gewesen wäre, die sie hätten absitzen müssen. Denn im Gegensatz zu den zeitlich genau definierten Haftstrafen ist die Unterbringung im Maßregelvollzug ohne ein sicher bestimmtes Ende formuliert. Oft werden die verurteilten Straftäter nach vordergründiger Anpassung im MRV und nach fehlender tiefgehender Psychotherapie mit Behandlung ihrer strukturellen Defizite entlassen, obwohl die Gefahr besteht, dass sie rückfällig werden.

Straftäter werden also entlassen, obwohl sie als gefährlich gelten?

Leider ist das so. Ich habe in meinen Gutachten immer wieder auf katastrophale Zustände in therapeutischen Einrichtungen hingewiesen. Diese

Kritik will aber niemand hören. Besonders problematisch ist es im Maßregelvollzug. Manch einer ist nach der Entlassung gefährlicher als vorher.

Gibt es eigentlich Täter, denen ihre Opfer vollkommen egal sind? Die überhaupt keine Reue verspüren?

Ja, die gibt es. Von ihnen hört man bei der Begutachtung, dass sie unschuldig seien oder die Strafe nicht angemessen ist. Es gibt auch Menschen, die ein Tötungsdelikt verdrängen können, die die Erinnerung daran so tief einschließen, dass sie aus ihrem Bewusstsein schwindet. In der Therapie kann das Verdrängte manchmal ein Stück weit in die Erinnerung zurückkommen.

Manche Verbrechen werden erst nach sehr langer Zeit gelöst. Wie lebt man über so eine lange Zeit mit dem Geheimnis, einen anderen Menschen getötet zu haben?

Das bleibt für die Täter eine ewige Belastung.

Es heißt, jeder Mensch könnte einen Mord begehen. Warum tun es zum Glück aber dann doch nur sehr wenige Menschen?

Ich glaube nicht, dass jeder Mensch einen anderen Menschen töten kann. Mörder haben eine besondere Erfahrung von Destruktivität in ihrer Biografie. Sie haben häufig viel konkrete oder auch nur psychische Gewalt erfahren. Das müssen also nicht zwingend Schläge sein. Auch eine erdrückende Mutterliebe, in der maximale Kontrolle auf das Kind ausgeübt wird, ist eine Form von Aggression und prägt nachhaltig. Eine Einschränkung gibt es allerdings:

Wenn jemand versuchen würde, meinen Kindern etwas anzutun, dann könnte vielleicht auch ich gewalttätig werden. Das wäre dann Notwehr, die bei der Strafzumessung berücksichtigt wird. ✖✖✖

PSYCHIATRISCHE SACHVERSTÄNDIGE

Bei der Erforschung der Frage der Schuld eines Angeklagten greift das Gericht häufig auf psychiatrische Sachverständige zurück. Diese sollen für ihre Gutachten in Kopf und Seele blicken, um die Schuldfähigkeit festzustellen, notfalls auch ohne mit dem Angeklagten zu sprechen – nur durch Akteneinsicht und Beobachtungen im Prozess. Dabei gilt der Grundsatz: „Nulla poena sine culpa." Es kann nur derjenige für eine Tat bestraft werden, dem diese vorwerfbar ist – der also schuldhaft gehandelt hat. Nach § 20 Strafgesetzbuch entfällt bei demjenigen die Schuld, der wegen einer seelischen Störung oder Ähnlichem unfähig war, das Unrecht der Tat einzusehen oder nach dieser Einsicht zu handeln.

DIE JOGGERIN

Es gibt wenige Kriminalfälle, die so viele Gerichte beschäftigt haben: David Immler hat mehr Lebenszeit in Haft und Sicherungsverwahrung verbracht als in Freiheit. 19 Jahre ist er alt, als er 1997 im Kelheimer Forst die Sozialpädagogin Margit Ruhstorfer ermordet und ihre Leiche schändet. Es dauert über ein Jahr, bis ihn die Polizei überführt. Fünf Tage, bevor er aus der Haft entlassen wird, wird die nachträgliche Sicherungsverwahrung angeordnet – in Deutschland erstmalig nach einer verbüßten Jugendstrafe. Immler kämpft um seine Freiheit.

Heiß ist es an diesem Nachmittag. Nach der Arbeit im Berufsbildungswerk St. Franziskus in Abensberg, einer Einrichtung für Menschen mit besonderem Förderbedarf, will Margit Ruhstorfer in den Biergarten. In Kelheim, wo die Donau und der Main-Donau-Kanal die Altstadt umarmen, gibt es einen besonders schönen mit Blick auf die Befreiungshalle. Thomas, ihr Lebensgefährte, will sie begleiten. Doch dann taucht überraschend sein Kumpel auf und überredet ihn zu einer Radtour. Ein Sport, den auch Margit liebt. Aber an diesem Tag lässt sie die Männer ziehen und geht alleine joggen. Ihre Familie wird sie nicht lebend wiedersehen.

Ein von Efeu und einem Rosenstrauch umrankter Findling im Wald hoch über der niederbayerischen Stadt erinnert bis heute an das Verbrechen

Margits Freunde errichteten ein Jahr nach ihrem Tod einen Gedenkstein in der Nähe des Tatortes. Foto: Stöcker-Gietl

an der 31-jährigen Sozialpädagogin. „In Gedenken an Margit 09.06.1997" haben ihre Freunde in die Steinplatte gravieren lassen. Bei schönem Wetter kommen hunderte Spaziergänger und Radfahrer an der Stelle vorbei, die wenige Meter neben einem Parkplatz liegt. Manche entzünden eine Kerze oder legen frische Blumen vor den Stein.

Die sogenannte Frauenhäusl-Runde, benannt nach der nahegelegenen Ausflugsgaststätte, ist eine beliebte Wanderstrecke. Mitten durch das weitläufige Waldgebiet führt die Kreisstraße 25, die Kelheim mit dem Landkreis Regensburg verbindet. Der Verkehr fließt nur wenige Meter neben der Stelle vorbei, an der Margit Ruhstorfers Leben an jenem Juninachmittag endet. Dort, wo eigentlich ständig Verkehr herrscht, ist keiner zur Stelle, als sie Hilfe braucht. Niemand registriert den über 1,90 Meter großen Jugendlichen, der an diesem Tag zum Mörder wird. Immlers Tat wird als „Joggerin-Mord" Justizgeschichte schreiben.

Im Haus der Ruhstorfers in einem Vorort von Abensberg ist Margit bis heute präsent. Im Wohnzimmer, im Schlafzimmer und sogar im Garten. „Sie hat so gerne kleine Geschenke gebastelt", sagt ihre Mutter Renate. Viele davon haben die Ruhstorfers aufbewahrt und schmücken damit die Zimmer. Stickbilder, kleine Kränze aus Stoffblumen, mit Perlen bestickte Herzen. Im Wintergarten stehen zwischen Tonengeln und bunten Windlichtern Fotos der Tochter. An einige Bilderrahmen hat Renate Ruhstorfer Verse geheftet. „Für die Welt bist du irgendjemand, aber für irgendjemand bist du die Welt", steht auf der Perlmuttscheibe, die

Renate Ruhstorfer hat Bilder von Margit mit Erinnerungssprüchen versehen. Foto: privat / Stöcker-Gietl

an ihrem Lieblingsfoto klebt. Auf Margits Lippen liegt ein strahlendes Lachen.

Mit einer Größe von über 1,70 m, der schlanken Figur, dem lockigen Haar und den vollen Lippen war Margit eine auffallende Erscheinung. Eine Schönheit, der immer wieder besondere Aufgaben zufielen. Faschingsprinzessin war sie und auch mal Weinkönigin. Das, was aber allen im Gedächtnis blieb, sei ihre Ausstrahlung gewesen, sagt der Vater. Ruhig, besonnen, offen und fürsorglich gegenüber allen Menschen und deren Bedürfnissen. „Das kam von innen, aus der Seele." Als die Polizisten Karl Ruhstorfer nach dem Verhältnis zu seiner Tochter fragten, antwortete er: „Das war nicht normal." Die Beamten hätten nicht verstanden, was er damit ausdrücken wollte, sagt er. „Margit war ein ganz besonderer Mensch. Das kann man nicht so einfach in Worte fassen. Das verstehen nur die, die sie gekannt haben."

David Immler hat Margit Ruhstorfer nicht gekannt. Es ist Zufall, es ist Schicksal, dass sie einander begegnet sind, in den frühen Abendstunden des 9. Juni 1997. Der 18-Jährige fährt planlos mit seinem frisierten schwarzen Golf durch die Gegend und hält schließlich auf dem Frauenhäusl-Parkplatz an. Dort, wo auch Margit ihr silberfarbenes Peugeot Cabrio geparkt hat. Die Sozialpädagogin ist bereits auf den letzten Metern ihrer Joggingrunde und ihr Auto ist in Sichtweite, als sie auf den jungen Mann trifft. Die Jugendkammer ist später überzeugt, dass Immler den Plan hegte, eine Frau zu vergewaltigen. Weil Immler über die ganzen Jahre hinweg aber nie die Wahrheit erzählen wird, bleibt unklar, was sich in den ersten Minuten tatsächlich abspielt. Sicher ist, dass die sportlich-durchtrainierte Margit mit aller Kraft Widerstand leistet und schreit, als sie der 19-Jährige mit einem Bremsseil ins Unterholz zerrt. Ein Jäger kann diesen Schrei allerdings nicht zuordnen. Das wird die Eltern des Opfers schwer belasten. Vielleicht hätte es Rettung geben können, sagen sie. Aber so hat Margit keine Chance. Mit einem Ast, den bloßen Händen und einem Bremsseil erdrosselt Immler sie. Doch danach lässt er nicht von ihr ab. Statt die Flucht zu ergreifen, entkleidet er die 31-Jährige und befriedigt sich über ihr. Ein Wachmann berichtet später vor Gericht, dass ihm der Täter im Gefängnis anvertraut hatte, dass dies sein schönster Orgasmus gewesen sei. Gegenüber zwei Gutachtern wird er dies später wiederholen und Gewaltfantasien offenbaren. Sie werden dies im Prozess als sadistische Sexualpräferenz einordnen.

> **MIT EINEM AST, DEN BLOSSEN HÄNDEN UND EINEM BREMSSEIL ERDROSSELT IMMLER SIE.**

Dass er aus seinem Trieb heraus zum Mörder geworden ist, gesteht sich David Immler selbst nach der Verurteilung nicht ein. Diese Art der Verdrängung, die Weigerung, sich mit den eigenen Problemen und den Gründen für die Tat auseinanderzusetzen, wird folgenreich sein. Er verändert sich, registriert seine Mutter unmittelbar nach der Tat. Doch was hinter der Schweigsamkeit steckt, ahnt sie nicht. Sie wird auch nicht misstrauisch, als die Polizei einen Fahndungsaufruf veröffentlicht, in dem sie den Fahrer eines schwarzen VW Golf mit Regensburger Kennzeichen als Zeugen sucht. Der Wagen ist David Immlers ganzer Stolz. Kein 08/15-Auto, sondern ein sportliches Teil, tiefergelegt und mit extrabreiten Reifen. Damit kann er in seinem Freundeskreis Eindruck schinden. Nun wird ihm der auffällige Wagen zum Verhängnis. Die Polizei startet eine Reihenuntersuchung, um den Fahrer zu finden – der größte Massen-Gentest, den es bis dahin in Deutschland gegeben hatte. Mehr als 1100 Fahrzeuge werden überprüft und die Halter zu einer Speichelprobe aufgefordert. Am 9. Juni 1998, ausgerechnet am ersten Jahrestag von Margits Tod, klingelt die Polizei bei Familie Immler und macht Abstriche von Vater und Sohn. Ein seltsamer Zufall. Noch weiß die Polizei aber nicht, dass sie den Fall aufgeklärt hat. Die DNA von Immler junior stimmt mit der Sperma-Spur am Tatort überein. Im August 1998 holt die Polizei den inzwischen 20-Jährigen auf dem Truppenübungsplatz Sachsenkam bei Bad Tölz ab, wo er seine Bundeswehrausbildung absolviert. Immler begrüßt die Beamten mit den Worten: „Ich habe schon auf euch gewartet."

Karl Ruhstorfer packt heute noch die Wut, wenn er an die Lügenmärchen zurückdenkt, die der Angeklagte im anschließenden Mordprozess vor der Jugendstrafkammer am Landgericht Regensburg auftischt. Margit habe ihn „unflätig" beschimpft, etwa mit dem Ausdruck „Scheiß Golffahrer" beleidigt, weil er Bremsübungen gemacht und laut Musik gehört habe. Schließlich sei sie gegen die Autotür getreten, hätte ihn geschubst und ihm mit der flachen Hand ins Gesicht geschlagen. „Ich habe Angst vor der Frau gehabt, ehrlich", lügt Immler. Er, der stämmige Hüne, der die zierliche Margit um fast eine Kopflänge überragte. Margits Vater hört sich gemeinsam mit seinem Sohn Karl, genannt Charlie, alles an, was der 19-Jährige zu seiner Entlastung vorbringt. Ihre Mutter kann es dagegen nicht ertragen und bleibt der Verhandlung fern. „Er konnte uns ja nicht mal in die Augen schauen. Kein Wort der Entschuldigung hat er über die Lippen gebracht", sagt der Vater. Anwältin Marion Zech, die die Familie als Nebenkläger begleitet, empört sich in ihrem Plädoyer: „Er hat sein Geständnis nur dazu benutzt, das Opfer in den Schmutz zu ziehen." Genau deshalb, sagt Margits Vater, hätten er und sein Sohn, der ebenfalls ein inniges Verhältnis zu seiner ein Jahr älteren Schwester hatte, die Kraft aufgebracht, sich in den Gerichtssaal zu setzen. Auch wenn es ihnen unendlich

„ER KONNTE UNS JA NICHT MAL IN DIE AUGEN SCHAUEN. KEIN WORT DER ENTSCHULDIGUNG HAT ER ÜBER DIE LIPPEN GEBRACHT."

schwergefallen sei. Sie wollten, dass kein Makel an der Tochter und Schwester bleibt. „Dafür bin ich dem Gericht bis heute dankbar, dass es deutlich machte, dass Margit keine Schuld traf", sagt Karl Ruhstorfer.

Vorsitzender Richter Günter Ruckdäschel stellt im Urteil klar: Immler schiebt die Schuld auf andere. Dass er dem Opfer eine Mitverantwortung anlasten will, nennt er „eine besonders ehrenrührige Sache". Die Wahrheit über die Tat sei nicht ans Licht gekommen. Der Angeklagte sei in seinen Aussagen nicht glaubwürdig gewesen. Die beiden Gutachter Dr. Hanna Ziegert und Dr. Henning Saß stufen ihn als „gefährlich wie ein offenes Taschenmesser" ein, sehen aber noch eine Chance für eine erfolgreiche Therapie. Er habe Entwicklungsverzögerungen, sei noch formbar. Wenn er bereit sei,

Renate und Karl Ruhstorfer haben viele Erinnerungen an ihre Tochter aufbewahrt. Foto: Stöcker-Gietl

sich seinen Problemen zu stellen. Denn gegenüber den ersten beiden Gutachtern hat er sich nicht geöffnet. Ruckdäschel redet dem Jugendlichen bei der Urteilsverkündung am 29. Oktober 1999 ins Gewissen. Und er sagt etwas, was nach der Verbüßung der zehnjährigen Haftstrafe große Bedeutung gewinnen wird: Immler sei ein „höchst gefährlicher Mann, der zum Wiederholungstäter werden könnte".

Prof. Dr. Niels Habermann von der Hochschule in Heidelberg, Leiter des dortigen Instituts für Rechtspsychologie, hat sich mit jugendlichen Sexualmördern beschäftigt und darüber ein Buch verfasst. Statistisch gesehen sind Sexualmorde, die von sehr jungen Tätern verübt werden, eine Seltenheit. Pro Jahr gibt es laut Bundeskriminalamt ein bis drei Fälle in Deutschland. Das Rückfallrisiko bei dieser Tätergruppe stuft Habermann allerdings als „hoch" ein. Der Psychiater und Rechtspsychologe hat in seiner Studie nachgewiesen, dass sich bei jungen Gewaltverbrechern in der Regel schwere Beziehungsstörungen bereits seit der Kindheit manifestierten. Diese führten zu Gehemmtheit, Isolation, Empathiemangel und Aggressivität und später zu einer sexuell auffälligen Entwicklung: entweder mit sadistischen Fantasien bis hin zu Tötungsszenarien oder zu einem aggressiven Sexualverhalten, das von Mitleidlosigkeit, einer sogenannten Dissozialität, geprägt ist.

Immler, den sie nun den Joggerin-Mörder nennen, ist in einem kleinen Dorf nahe Regensburg aufgewachsen. Dort, wo jeder jeden kennt. Deshalb wissen auch alle über den Buben Bescheid.

Seine Mutter hatte ihn zur Adoption freigegeben und die Immlers haben ihn aufgenommen und großgezogen. Er wächst in gutbürgerlichen Verhältnissen auf. Die Kindheit ist überaus behütet. Zu behütet, meinen die Gutachter. Er sei „überbemuttert" und verwöhnt worden. Schon in der Schule ist David Hänseleien ausgesetzt. „Monk", Affe, rufen ihm die anderen Kinder im Dorf hinterher. Seine Adoptivmutter sagt, dass sie ihren Sohn ermuntert habe, sich nicht alles gefallen zu lassen. „Ich kann nie so frech sein wie die anderen", habe er ihr geantwortet.

> „MONK", AFFE, RUFEN IHM DIE ANDEREN KINDER IM DORF HINTERHER.

Nach der Schule, in der David kaum mit den Anforderungen mithalten konnte, gehen die Probleme in der Lehre weiter. In einer Schreinerei, ein paar Kilometer vom Wohnhaus der Immlers entfernt, müht er sich in einer Ausbildung ab. Sein schlechtes Zwischenzeugnis hängt der Lehrherr in den Sozialraum – zur Abschreckung. Die seelischen Nöte des Jungen nehmen zu. Ausgrenzung und Abwertung verursachen psychischen Stress. Die Eltern suchen das Gespräch mit dem Betrieb, erreichen aber nichts. Die Mutter ist geneigt, den Buben die Lehre abbrechen zu lassen, der Vater will, dass er sich die drei Jahre durchbeißt. Das Beste für ihren Jungen, ihr einziges Kind, das wollen beide. Sie geben ihn auch nach der schrecklichen Tat nicht auf. Bei der Verurteilung wegen Mordes, den Prozessen um die nachträglich angeordnete Sicherungsverwahrung. Bei den Versuchen, die Freilassung im Kampf durch die Instanzen zu erzwingen – immer bleiben sie an seiner Seite. Der Kontakt reißt nie ab.

Die Eltern von Margit, ihr Bruder Charly und dessen Familie gehen zum Friedhof, wenn sie Margit nahe sein wollen. Verzeihen, vergeben – wie soll das gelingen, wenn einem das Liebste genommen wurde? Margit war Taufpatin bei Charlys Tochter Marina. Sie hat ihr Patenkind nicht mehr aufwachsen sehen. „Die finstere Nacht und der helllichte Tag sind aufeinandergetroffen", so beschreibt Vater Karl das Gefühl, das die Familie nun in sich trägt.

Schon der Abschied von Margit an jenem 9. Juni sei anders gewesen, erinnert sich Renate Ruhstorfer. Wie üblich schaute sie auf dem Heimweg von der Arbeit kurz in der Metzgerei der Eltern vorbei, doch diesmal kehrte sie, nachdem sie sich bereits verabschiedet hatte, noch einmal um und sagte zu ihren Eltern: „Bitte passt auf euch auf!"
Das sei nun ihr Auftrag, den sie auszuführen hätten, sagen die Ruhstorfers. Auch wenn es an manchen Tagen so schwer sei, dass sie glaubten, daran zu zerbrechen. „Wir haben gelebt wie in einer anderen Welt. Wir haben uns eingeredet, dass es einfach nicht passiert ist", sagt Karl Ruhstorfer über die Monate nach der Tat. Die Scheinwelt zerplatzte, als die Polizei anrief und sagte: „Wir haben heute den Mörder ihrer Tochter gefunden." Er habe kein Wort mehr herausbekommen, sagt Ruhstorfer. Mit dem Urteil gegen den Täter – eine Haftstrafe von zehn Jahren – haben sich die Eltern und der Bruder abgefun-

> „WIR HABEN HEUTE DEN MÖRDER IHRER TOCHTER GEFUNDEN."

Im Prozess um die nachträgliche Sicherungsverwahrung wurde David Immler von dem Münchner Anwalt Adam Ahmet vertreten. Foto: Tino Lex

den. „Mehr ging ja nicht." Das, was folgte, also Immlers Kampf durch alle Instanzen, sehen sie losgelöst von Margits Tod. „Das hat nichts mehr mit uns zu tun, sondern mit dem Schutz anderer Frauen."

Immler sitzt seine Strafe in der Justizvollzugsanstalt Bayreuth ab. Seine Freilassung wird für 17. Juli 2008 festgelegt. Den Therapien verweigert er sich weitgehend. Er scheint nicht bereit, das, was er Margit Ruhstorfer angetan hat, aufzuarbeiten. Immlers Adoptivmutter widerspricht in einem Artikel der Mittelbayerischen Zeitung aus dem Jahr 2009 allerdings dieser Auffassung. Ihr Sohn sei wie ein „Versuchsobjekt" behandelt worden. Statt ihn gut auf die Freiheit vorzubereiten, sei ihm immer wieder die Sicherungsverwahrung angedroht worden. Seiner Freilassung wäre trotz schlechter Prognosen nichts im Wege gestanden, wenn nicht ein anderes Verbrechen den Staat aufgeschreckt hätte. Ein verurteilter Regensburger Kindermörder hatte im Jahr 2004, wenige Monate nach Verbüßung seiner Jugendstrafe, wieder ein Kind umgebracht. Ein Gesetz zur nachträglichen Sicherungsverwahrung junger Straftäter wird auf den Weg gebracht und schließlich auf Drängen der bayerischen Staatsregierung im Bundesrat in einem Eilverfahren verabschiedet. Der Grund ist Immler. Seine Freilassung soll unbedingt verhindert werden.

Ausgerechnet der Mann, der als Vorsitzender Richter der Jugendkammer den Joggerin-Mörder einst verurteilt hat, ist inzwischen in Regensburg Leitender Oberstaatsanwalt. Auf Antrag von Günther Ruckdäschel wird für Immler zunächst die vorläufige Unterbringung in der Sicherungsverwahrung angeordnet. „Sie sind noch jung, sie können sich ändern", hatte Ruckdäschel in seinem Urteil von 1998 gesagt. Immler, davon ist der jetzige Leiter der Anklagebehörde überzeugt, hat seinen Rat nicht befolgt.

In seinem Büro im zweiten Stock des Justizgebäudes in der Regensburger Augustenstraße sitzt Landgerichtssprecher Thomas Polnik. Er gehörte der Kammer an, die über die nachträgliche Anordnung der Sicherungsverwahrung zu entscheiden hatte. Polnik erinnert sich an das juristische Neuland, das das Landgericht damit betrat. „Die Schwierigkeit bestand darin, für die Neuregelung eine Auslegung zu finden." Welche Anforderungen gelten etwa für die Gefährlichkeitsprognose? Darauf musste das Landgericht Regensburg 2009 erstmals eine Antwort finden.

Es ist der erste Prozess in Deutschland, der sich mit der nachträglichen Sicherungsverwahrung nach dem Jugendstrafrecht befasst. Die beiden

ES IST DER ERSTE PROZESS IN DEUTSCHLAND, DER SICH MIT DER NACHTRÄGLICHEN SICHERUNGSVERWAHRUNG NACH DEM JUGENDSTRAFRECHT BEFASST.

Gutachter, darunter der Regensburger Psychiater Prof. Michael Osterheider, berichten im Zeugenstand von ihren Gesprächen, die sie mit Immler im Rahmen der Entlassungsvorbereitungen führten. Sie sind überzeugt: Der Mord war ein Ausfluss der sadistischen Sexualfantasien des Mannes. Die Gefahr für weitere ähnliche Gewalttaten sei mittel bis hoch einzustufen, weshalb das Gericht eine weitere Unterbringung anordnet. Doch auch diesmal macht der Vorsitzende Richter Johann Piendl Immler Hoffnung auf Freilassung – sofern er sich einer entsprechenden Therapie erfolgreich stellt.

Mit diesem Urteil hat es der Joggerin-Mörder nun zu bundesweiter Aufmerksamkeit gebracht. Vor allem weil sein neuer Anwalt, der Münchner Strafverteidiger Adam Ahmet, für seinen Mandanten sämtliche juristischen Möglichkeiten ausschöpft. Und zunächst scheint er erfolgreich zu sein: Mit dem Signal aus Straßburg, dass es sich bei der Art der Unterbringung für Sicherungsverwahrte um eine menschenrechtswidrige Form handelt, stuft Karlsruhe am 4. Mai 2011 die bisherigen Maßnahmen als verfassungswidrig ein. Sie unterscheide sich nicht in ausreichendem Maße von einer Haftunterbringung. Einer der Kläger war Immler. Am Tag nach dem Urteil stellt Ahmet einen sofortigen Antrag auf Freilassung seines Mandanten. Damit hat er aber keinen Erfolg.

2012 verhandelt das Landgericht Regensburg erneut über die Sicherungsverwahrung des Joggerin-Mörders. Der Prozess um die nun zum zweiten Mal vorläufig angeordnete Sicherungsverwahrung wird zu einem harten Schlagabtausch zwischen dem Verteidiger und der Kammer. Ahmet spricht von Befangenheit und Voreingenommenheit und geht gar so weit, dem Gericht vorzuwerfen, dass es nur zum Schein verhandle. Das Urteil sei längst zum Nachteil seines Mandanten gefallen. Die Jugendkammer bleibt bei ihrer Auffassung: David Immler ist weiterhin als ein gefährlicher Sexualstraftäter einzustufen. Das Rückfallrisiko sei hoch. Der psychiatrische Gutachter Hans-Ludwig Kröber von der Berliner Charité sagt: Es könnte ab zwei Jahre nach der Entlassung aus der Unterbringung „kritisch" werden. Auch, weil sich Immler weiterhin nicht für eine therapeutische Behandlung öffnet, die ihm die Richter ja förmlich aufdrängen. Es sei aber noch immer nicht zu spät, sagte Carl Pfeiffer als inzwischen dritter Richter, der mit dem Fall befasst ist.

David Immler will die Entscheidung nicht akzeptieren. Sein Anwalt legt Revision beim Bundesgerichtshof ein. Als diese verworfen wird, zieht er wieder mit einer Beschwerde vor das Bundesverfassungsgericht. Ohne Erfolg. Auch beim parallel dazu laufenden Verfahren vor dem Europäischen Gerichtshof für Menschenrechte wird letztmalig im November 2018 gegen Immler entschieden. Seine Menschenrechte würden durch die Unterbringung nicht verletzt. Damit sind alle Klagewege ausgeschöpft. Der Mörder von Margit Ruhstorfer bleibt in der 2013 neu umgesetzten Art der Sicherungsverwahrung. Allerdings steht Immler für die Zeit davor Schadenersatz vom Freistaat Bayern zu. So entscheidet es das Oberlandesgericht Nürnberg. Der Bund hat von sich aus eine Ausgleichszahlung angeboten. Immler erhält insgesamt knapp 20.000 Euro.

Jedes Jahr wird nun geprüft, ob der Joggerin-Mörder noch eine Gefahr für die Allgemeinheit

Der hübschen Margit wurden auch immer wieder besondere Aufgaben angedient, hier als Kelheimer Faschingsprinzessin.
Foto: privat / Stöcker-Gietl

darstellt. Bislang sehen die Sachverständigen keine Chance auf eine Freilassung. Nur Immler selbst, der inzwischen mehr als sein halbes Leben weggesperrt ist, kann daran etwas ändern, indem er sich den therapeutischen Angeboten öffnet.

Familie Ruhstorfer hat bei der Opferorganisation „Weißer Ring" Beistand gefunden. Aus den Helfern sind Freunde geworden. Sie haben die Eltern, Margits Bruder und ihren damaligen Lebensgefährten einen langen Weg begleitet. „Es gab immer wieder Momente, in denen wir dachten, wir gehen kaputt, wir schaffen es nicht." Dass sie heute in der Lage sind, mit dem Unfassbaren zu leben, sei auch das Verdienst dieser Menschen, sagen sie. Auch wenn die Trauer nie verschwindet, so zehren sie nun von den Erinnerungen an Margit. „Wir waren die geliebtesten Eltern der Welt", sagen sie. Für diese 31 gemeinsamen Jahre sind sie heute dankbar. Dem Täter geben sie keinen Raum mehr in ihrem Leben. „Für mich ist er nur ein Schattenbild. Ein Mensch ohne Gesicht", sagt Renate Ruhstorfer. „Margit hätte nicht gewollt, dass wir nur noch traurig sind." ✖✖✖

> **BISLANG SEHEN DIE SACHVERSTÄNDIGEN KEINE CHANCE AUF EINE FREILASSUNG. NUR IMMLER SELBST KANN DARAN ETWAS ÄNDERN.**

MORD AM ROTLICHTKÖNIG

Ein einziger Schuss mitten ins Herz. Die brilliantenbesetzte Rolex Oyster baumelt noch am Handgelenk, eine schwere Goldkette hängt um den skelettierten Hals. Die Polizei weiß im August 1982 sofort, wen Beerensammler in dem schwer zugänglichen Waldgebiet bei Bechtsrieth gefunden haben: den Weidener Rotlichtkönig Walter Klankermeier. Doch wer hat den Selfmade-Millionär umgebracht und warum erbt das Vermögen ausgerechnet eine Pfarrerstochter?

„Ein jeder echter Bayer, der geht zum Walter Klankermeier." Bis heute rezitieren Nordoberpfälzer diesen Spruch, wenn die Rede auf den schillernden Rotlichtkönig kommt. Weiden ist in den 1970er Jahren ein regionales Zentrum mit etwa 40.000 Einwohnern. Sitz von Behörden und Schulen. Die Autobahn gibt es noch nicht, wer in die Stadt will, muss über die Landstraßen fahren. Die Grenze zu Tschechien, damals hinter dem Eisernen Vorhang, ist nur wenige Kilometer entfernt. Die Porzellanhersteller Seltmann und Bauscher haben den Namen in die Welt getragen, auch der Versandhändler Witt ist bundesweit bekannt.

In die Kategorie der berühmt-berüchtigten Persönlichkeiten fällt Walter Klankermeier. Er baut sich ab Ende der 1960er Jahre ein erfolgreiches Imperium auf. 27 Jahre ist er, als er sich in Weiden niederlässt. Der gelernte Metzger stammt aus Augsburg, hatte, bevor es ihn in die Oberpfalz verschlug, einige Jahre in Chicago gelebt. Dort hat er sich finanziell nach oben gearbeitet. Tagsüber als Metzger, nachts als Kellner. Mit Tanzcafés für deutsche Auswanderer verdiente er ordentlich Geld. Es wird

In Klankermeiers Lokalen geht es zur Sache.
Foto: MZ-Archiv/André Baumgarten

kolportiert, dass ihm das Pflaster in der Metropole, die als Gangsterstadt galt, zu heiß wurde und er deshalb in Deutschland in der Abgeschiedenheit an der Grenze zum Osten untergetaucht ist. Es sind Gerüchte. Vielleicht erhoffte er sich auch von den US-Soldaten, die im nahen Grafenwöhr, dem größten US-Truppenübungsplatz Europas, stationiert sind, gute Geschäfte. Klankermeier selbst hat nie viel über sein Leben vor der Zeit in Weiden gesprochen. Und nicht darüber, was ihn in die Gegend geführt hat.

Stattdessen sprechen schon bald die Weidener über Klankermeier. Denn der eröffnet nicht nur ein Café, eine Diskothek und ein Pilspub, sondern am Rande der Altstadt auch einen Striptease-Club. „Der härteste Strip außerhalb von St. Pauli", so bewirbt er seine Show. Auf der Bühne der „Fortuna Bar" gibt es alles zu sehen – bis hin zu sexuellen Handlungen. Und das Publikum lässt er ganz nah ran an seine Mädchen. Das verrät Klankermeier einmal in einem Interview mit der WZ Wochenzeitung, als er zu seinem Erfolgsgeheimnis befragt wird. An den Stangen räkeln sich gertenschlanke Tänzerinnen neben üppigen Damen mit riesiger Oberweite und dicken Oberschenkeln, die bis zu 150 Kilo auf die Waage bringen. Frauen aus Brasilien und Jamaica verführen die zahlungskräftige Kundschaft. Klankermeier provoziert, testet Grenzen aus. Das sorgt sprichwörtlich für öffentliche Er-

> **AN DEN STANGEN RÄKELN SICH GERTENSCHLANKE TÄNZERINNEN NEBEN ÜPPIGEN DAMEN MIT RIESIGER OBERWEITE UND DICKEN OBERSCHENKELN, DIE BIS ZU 150 KILO AUF DIE WAAGE BRINGEN.**

Der Journalist Fritz Winter, ein gebürtiger Weidener, lernte Klankermeier in den 1970er Jahren kennen. Foto: Marion Winter

regung. Der Pfarrer wettert im Sonntagsgottesdienst von der Kanzel, dass mit Klankermeier die Sünde gekommen sei. Doch „Klanki", wie sie ihn in Weiden nennen, kontert scharfzüngig: „Wenn ich mich in der Kirche so umsehe, erkenne ich viele Freunde aus meinen Etablissements."

Der gebürtige Weidener Fritz Winter ist, als Klankermeier ermordet wird, junger Journalist bei den Oberpfälzer Nachrichten. Er lernt den Geschäftsmann bei Besuchen in dessen Diskothek „Fantasy" kennen. Dort verkehrt die Jugend der Stadt. Klankermeier ist nahezu täglich selbst in seinen Betrieben anzutreffen. Am Einlass oder der

Bar habe er einige kurze Gespräche mit ihm geführt, sagt Winter. „Das waren oberflächliche Kontakte." Er habe den Geschäftsmann, der zwar nur 1,71 Meter groß, aber körperlich durchtrainiert war, als Person mit einer „gewissen Autorität" und einer beeindruckenden Ausstrahlung erlebt. Als einen Selfmade-Millionär, der selbst nicht raucht und nicht trinkt, dafür aber die Gäste in seinen Etablissements zu ausschweifendem Genuss zu verführen versteht. Das Publikum reist von weit her an, die Neugierde auf das schillernde Nachtleben in Weiden ist groß. Dicke Karossen parken vor Klankermeiers Lokalen, auch Thomas Gottschalk

Walter Klankermeier hat sich den Erfolg in seinen Lokalen hart erarbeitet. Foto: MZ-Archiv / André Baumgarten

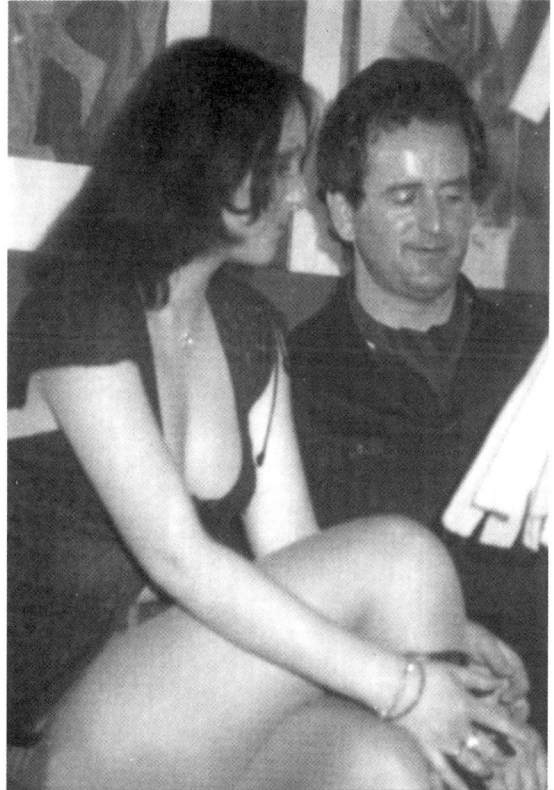

legt mal in seiner Diskothek auf. Im Striplokal wird eine Gruppe Weidener Stadträte gesichtet. Angeblich hatten sie sich vor dem bevorstehenden Beschluss über die Konzession selbst ein Bild machen wollen. „Als dieser Ausflug der Kommunalpolitik in den Nachtclub publik wird, ist das ein gefundenes Fressen für die Lokalpresse", erinnert sich Fritz Winter. Klankermeier selbst hatte die Namen der Stadträte, die an dem Abend dabei waren, an Journalisten durchgestochen.

Dort, in der Provinz, da versteht einer sein Geschäft, das bemerkt auch die Rotlicht-Konkurrenz in Regensburg. In diesem Milieu verschafft einem der Erfolg aber nicht nur Freunde, zumal Klankermeier auch nicht zimperlich mit Mitbewerbern umgeht. Er wildert in fremden Revieren, etwa um besonders schöne und interessante Mädchen für seinen Nachtclub abzuwerben. Er verhandelt auch hart mit seinen Geschäftspartnern aus der Unterwelt. „Da gab es sicher einige, denen der Aufstieg von Klankermeier nicht gefiel", sagt Winter. Von St. Pauli bis zum Frankfurter Kiez spricht sich der Name des knallharten Unterweltkönigs herum, der weit abseits der großen Sexmeilen Erfolge feiert. Wer sich in dieser Branche darauf versteht, den eigenen Vorteil zu nutzen, der lebt allerdings gefährlich. Liegt hier ein Motiv für das spätere Verbrechen?

Klankermeier jedenfalls zeigt, was er sich erarbeitet hat. Die brilliantenbesetzte Rolex, der Mercedes 280 SE, der

> KLANKERMEIER ZEIGT, WAS ER SICH ERARBEITET HAT. DIE BRILLIANTENBESETZTE ROLEX, DER MERCEDES 280 SE, DER GELÄNDEWAGEN, DIE ZWEI REITPFERDE.

Geländewagen, die zwei Reitpferde. Über seiner Diskothek in der Judengasse hat er sich auf drei Etagen eine Luxuswohnung eingerichtet. Nicht jedermanns Geschmack, aber dennoch beeindruckend mit dem verbauten Marmor und Granit, erinnert sich Winter, der einmal die Gelegenheit bekam, einen Blick hineinzuwerfen. In Erinnerung geblieben ist dem Journalisten neben dem bestens ausgestatteten Fitnessstudio das Schlafzimmer mit dem riesigen Bett. Wer darauf lag, der blickte direkt auf eine riesige Christusfigur, die von der Decke hing. Klankermeier wohnte hier alleine. Eine Frau oder feste Freundin hatte er nicht. Dieser Umstand sollte nach seinem Tod noch für eine Überraschung sorgen.

Klankermeiers Vermögensverwalter Dr. Burkhard Schulze befürchtete von Anfang an ein Verbrechen. Foto: Fritz Winter

42 Jahre ist der Geschäftsmann alt, als er im Juni 1982, während der Fußballweltmeisterschaft in Spanien, aus Weiden verschwindet. In der Stadt machen Gerüchte die Runde. Klankermeier, dessen Vermögen zu diesem Zeitpunkt auf etwa zwei Millionen Mark taxiert wird, könnte sich ins Ausland abgesetzt haben, sagen die einen. Andere, darunter auch dessen Anwalt und Vermögensverwalter Dr. Burkhard Schulze, glauben nicht an ein freiwilliges Verschwinden. „Er hätte seine geliebte

Bulldogge nicht einfach im Garten zurückgelassen", erinnert sich Schulze bis heute an das ungute Gefühl, das ihn sofort beschlich, als er Klankermeier trotz einer Verabredung nicht in dessen Wohnung antraf. Er erstattet eine Vermisstenanzeige. Ist der Rotlichtkönig, der immer als besonders vorsichtig galt, verschleppt oder gar getötet worden? Zunächst gibt es keine Spur, die Polizei tappt im Dunkeln.

Gesichert ist nur, dass Klankermeier am Abend des 14. Juni 1982 von einem Zeugen vor seiner Diskothek gesehen wurde. Der Geschäftsmann, der üblicherweise in dunklen Anzügen auftrat, trug einen bequemen Trainingsanzug und Holzclogs. An seiner Seite ein dunkelhaariger, gut gekleideter Mann. Fritz Winter ist überzeugt, dass sich die Männer gekannt haben müssen. Denn Klankermeier sei nie alleine zu Fremden ins Auto gestiegen, sagt der Journalist. Auch in seinen Lä-

Klankermeier wilderte in fremden Revieren, etwa um besonders schöne und interessante Mädchen für seinen Nachtclub abzuwerben.
Foto: MZ-Archiv / André Baumgarten

den hatte er zu seinem Schutz Wachpersonal engagiert. Selbst in seiner Wohnung öffneten Angestellte die Tür und nie der Chef selbst. Doch wer dieser Fremde war, dem Klankermeier ganz offenbar so weit vertraute, dass er ohne Begleitschutz mit ihm wegfuhr, fand die Polizei nie heraus.

Acht Wochen vergehen, in den Etablissements in Weiden bleiben die Kunden aus. Ohne den schillernden Partykönig haben sie ihren Glanz verloren. „Ohne Klankermeier war der Reiz weg", sagt Winter. Der meldet sich nicht bei seinem Vermögensverwalter und auch sonst bei niemandem. Dann, am 22. August 1982, verbreitet sich die Nachricht vom Tod des Nachtclubkönigs wie ein Lauffeuer. Ein Ehepaar hat beim Beerensammeln einen bestialischen Geruch in einem Wald bei Bechtsrieth wahrgenommen, dann entdeckt es zwei Füße im Gestrüpp. Walter Klankermeiers teilweise schon verweste Leiche liegt in einem Erdloch, das mit Birkenreisig zugedeckt worden war – nur wenige Kilometer von Weiden entfernt. In der Erlanger Rechtsmedizin wird ein einziger gezielter Schuss ins Herz, der die rechte Herzklappe durchschlagen hat, als Todesursache ermittelt. Der damalige Leitende Oberstaatsanwalt am Landgericht Weiden, Wilhelm Meier, spricht von einem „bestellten Exekutionskommando".

> IN DER ERLANGER RECHTSMEDIZIN WIRD EIN EINZIGER GEZIELTER SCHUSS INS HERZ, DER DIE RECHTE HERZKLAPPE DURCHSCHLAGEN HAT, ALS TODESURSACHE ERMITTELT.

Bis heute hat Schulze, der auch das Testament seines prominenten Mandanten vollstreckt hat, die

Die damaligen Ermittler am Fundort: Walter Klankermeiers teilweise schon verweste Leiche lag in einem Erdloch, das mit Birkenreisig zugedeckt worden war – nur wenige Kilometer von Weiden entfernt.
Foto: MZ-Archiv / André Baumgarten

Zeitungsberichte über das Verbrechen aufbewahrt. Ein Rotlichtkönig erschossen im Wald – das taugte weit über die Region hinaus für gute Schlagzeilen. Klankermeier sei wachsam gewesen und er habe Todesahnungen gehabt, sagt Schulze. Lag deshalb auf seinem Nachttisch das Buch „Das Leben nach dem Tod"? Auch an ein Gespräch mit Klankermeier, der wissen wollte, wie er seinen letzten Willen regeln solle, erinnert sich Schulze. Es fand kurz vor der Tat statt.

Die Polizei untersucht in alle Richtungen. Journalist Fritz Winter weiß, dass es viele Ermittlungsansätze in der Rotlichtszene gab. Mädchenhandel, Erpressung und Autoschiebereien. Unter anderem gehen die Beamten der Frage nach, ob eine Frankfurter Gang an Klankermeiers Geschäft mitverdienen wollte. 1983 gibt es in einem Weidener Hotel eine Festnahme, die aufhorchen lässt. Denn die beiden Männer, denen der Raubmord an einem Gebrauchtwagenhändler im Rheinland vorgeworfen wird, waren frühere Beschäftigte Klankermeiers: ein ehemaliger Geschäftsführer der Disco sowie ein Kellner aus dem Striptease-Lokal. Es gibt Ähnlichkeiten zwischen den beiden Taten. Doch dass die Beschuldigten auch etwas mit dem Verschwinden und dem Tod des Rotlichtkönigs zu tun haben könnten – dafür finden die Ermittler keine Anhaltspunkte, die vor einem Gericht standhalten könnten. Doch Schulze ist sich bis heute sicher, dass diese Spur etwas zu bedeuten hatte. „Ich weiß, dass Klankermeier den Geschäftsführer der Disco gewarnt hatte. Er sagte ihm, dass es für ihn fünf vor zwölf sei." Warum es offenkundig Spannungen zwischen Chef und Angestelltem gab, das weiß er nicht.

Ein gutes Jahrzehnt später ist die DNA-Untersuchung so weit fortgeschritten, dass altes Material erneut untersucht werden kann. Der Mordfall wird noch einmal aufgerollt. Doch eine DNA kann nicht sichergestellt werden. Zuletzt hat die Polizei 2012 versucht, Licht in den ungeklärten Fall zu bringen. Ohne Erfolg.

ZULETZT HAT DIE POLIZEI 2012 VERSUCHT, LICHT IN DEN UNGEKLÄRTEN FALL ZU BRINGEN. OHNE ERFOLG.

EXTRABLATT

OBERPFÄLZER NACHRICHTEN

MORD auf BESTELLUNG?

Walter Klankermeier mit einem Schuß ins Herz umgebracht!
Staatsanwaltschaft setzt 3 000 Mark Belohnung für Hinweise aus

Weiden. — Bei der gestern gefundenen Leiche in einem Waldstück bei Bechtsrieth handelt es sich um Walter Klankermeier. Das steht für Staatsanwaltschaft und Kriminalpolizei nach der Sektion der Überreste des ehemaligen „Nachtclubkönigs" eindeutig fest. Mit einem glatten Durchschuß der rechten Herzklappe aus einer Pistole abgegeben, wurde der 42jährige, der seit Mitte Juni vermißt war, um die Ecke gebracht.

Der oder die Täter sind bislang unbekannt, noch fehlt jeder Hinweis. Da die wertvolle, brillantenbesetzte Rolex-Uhr des Toten bei der Leiche aufgefunden wurde, ist ein Raubmord ausgeschlossen. Vielmehr vermutet Oberstaatsanwalt Wilhelm Meier ein „bestelltes Exekutionskommando", das höchstwahrscheinlich nicht einmal aus dieser Gegend stammt.

Die Leiche war mit einer beigen Hose und blau-roten Sportsocken bekleidet, im Gegensatz zu den Aussagen der Zeugen, die Klankermeier mit einer Trainingshose gesehen hatten. Am Abend des 14. Juni, der Tag, an dem er zuletzt gesichtet wurde, war er in Begleitung eines dunkelhaarigen, 35- bis 40jährigen Mannes von seiner Pilsbar „Tiffany" in Richtung Kreiswehrersatzamt gegangen. Hinweise auf diesen Mann fehlen bis heute.

Die Staatsanwaltschaft hat zusammen mit dem Landeskriminalamt eine Belohnung von 3000 Mark ausgesetzt für Hinweise, die sich sowohl auf diesen unbekannten Mann beziehen als auch auf die Fundstelle. Es ist übrigens noch nicht sicher, daß Klankermeier an der Stelle, an der er gefunden wurde, auch zu Tode kam. Sowohl der Tatort als auch die Art, wie die Leiche dann an den Platz neben der Wurzel eines umgestürzten Baumes hingeschafft wurde, sind noch unbekannt.

Mit einem Schuß mitten in das Herz getötet: Nachtdbarbesitzer Walter Klankermeier. Die Leiche wurde (stern im Wald bei Sc mitz gefunden.

Der Tod des Rotlichtkönigs taugte nicht nur bei der Lokalpresse für große Schlagzeilen. Foto: André Baumgarten

So, wie Klankermeier gelebt hat, so bleibt er im Tod eine rätselhafte Figur. Als Schulze sein Testament vollstreckt, birgt auch das noch eine unerwartete Überraschung. Nicht Klankermeiers Schwester, sondern die Tochter eines evangelischen Pfarrers setzt er als Alleinerbin ein. Das Mädchen, Hannesuse, ist zu diesem Zeitpunkt gerade einmal 19 Jahre alt. Es muss eine stille Schwärmerei gewesen sein. Die hübsche Schülerin und der knallharte Geschäftsmann kannten sich nur flüchtig aus dem Reitverein. Auf einem Quittungsblock hatte Klankermeier diesen letzten Willen verfügt und damit die Weidener ein letztes Mal in Erstaunen versetzt und für ordentlich Tratsch gesorgt.

Anwalt Schulze sagt, er würde seinem Ordner gerne einen letzten Artikel hinzufügen: „Mord an Klankermeier geklärt". Aber fast vier Jahrzehnte nach dem Tod des Rotlichkönigs hat er kaum noch Hoffnung. „Da müsste schon jemand auf dem Sterbebett sein Schweigen brechen." ×××

> **AUF EINEM QUITTUNGSBLOCK HATTE KLANKERMEIER SEINEN LETZTEN WILLEN VERFÜGT.**

Klankermeier setzte eine Pfarrerstochter als Alleinerbin ein.
Foto: privat / André Baumgarten

INTERVIEW

MICHAEL HAIZMANN

Fachanwalt für Strafrecht

gründete 1989 seine Kanzlei in Regensburg, die er seit 2017 mit Partner Johannes Büttner führt. Mehrfach wurde Haizmann vom Magazin „Focus Spezial" in der Kategorie Strafrecht zu einem der Top-Rechtsanwälte in Deutschland gekürt. Haizmann verteidigte in Verbrechen, die deutschlandweit Aufmerksamkeit erregten.

Foto: Tino Lex

Sie arbeiten seit vielen Jahren als Strafverteidiger. „So jemanden könnte ich nicht verteidigen", diesen Satz haben Sie sicher häufiger gehört. Was antworten Sie darauf?

Dieser Satz berührt den Kernbereich des rechtsstaatlichen Verfahrens. Jeder Beschuldigte hat ein verfassungsmäßig verbürgtes Recht auf effektive Strafverteidigung. Das gilt für den Massenmörder genauso wie für den Ladendieb. Im Strafverfahren ist ein Beschuldigter oftmals der vollen Strafverfolgungsmacht des Staates ausgesetzt und zwar mit einer Wucht, die man in keinem anderen Bereich des gesellschaftlichen Lebens findet. Die sich aus dem Rechtsstaatsprinzip ergebende Unschuldsvermutung besagt, dass bis zur rechtskräftigen Entscheidung des Gerichts jedermann als unschuldig zu gelten hat. Daraus ergibt sich der eindeutige Auftrag an die Verteidigung, dem zunächst Verdächtigen beizustehen, ihn zu beraten und den staatlichen Maßnahmen im Rahmen des gesetzlich Zulässigen mit allen Mitteln entgegenzutreten. Der Verteidiger trägt ferner die Mitverantwortung dafür, dass die Feststellung von Täterschaft und Schuld eines Angeklagten auf justizförmigen Weg erfolgt, d. h., das Gericht muss verfahrensrechtliche Grenzen einhalten.

Würden Sie ein Mandat aus moralischen Gründen ablehnen? Und wenn ja, was wären diese Gründe?

Grundsätzlich spielt es keine Rolle, welches Delikt einem Mandanten vorgeworfen wird. Dementsprechend übernehme ich auch Mandate aus dem gesamten strafrechtlichen Spektrum. Für mich selbst mache ich nur eine Ausnahme: die Verteidigung in Strafverfahren mit rechtem oder nationalsozialistischem Hintergrund übernehme ich nicht. Angeklagte wie Beate Zschäpe oder Stephan Balliet würde ich nicht verteidigen.

Was ist die wichtigste Eigenschaft, die ein guter Strafverteidiger beherrschen muss?

Es gibt mehrere Dinge, die ein guter Strafverteidiger beachten sollte: fundierte Kenntnisse im Straf- und Strafverfahrensrecht, professionelle Distanz zum Mandanten, vor allem aber ein gewisses Fingerspitzengefühl dafür, welches Verteidigungsziel im konkreten Fall realistisch ist.

> „PROFESSIONELLE DISTANZ IST FÜR EINE SACHGERECHTE VERTEIDIGUNG SEHR WICHTIG."

Und was sollten Strafverteidiger unbedingt vermeiden?

In jedem Falle sollte vermieden werden, dass der Verteidiger die Sache seines Mandanten zu seiner eigenen macht. Professionelle Distanz ist für eine sachgerechte Verteidigung sehr wichtig. Wer sich quasi selbst vertritt, verliert die gebotene Rationalität und ist nicht mehr in der Lage, die ihm zugedachte Schutzaufgabe wahrzunehmen.

Muss ein Verteidiger wissen, ob sein Mandant eine Tat begangen hat, oder hilft es manchmal sogar weiter, es nicht zu wissen?

Das hängt vom konkreten Fall ab. Wir unterscheiden die Freispruch- von der Strafmaßverteidigung. Bei Fällen, in denen ein Freispruch das Ziel der Verteidigung ist, kommt es schon vor, dass der Verteidiger nicht weiß, ob der Mandant schuldig oder unschuldig ist. In der Tat gibt es Verfahren, wo der Verteidiger dies auch gar nicht wissen will. Entscheidend ist einmal die gesetzliche Unschuldsvermutung und zum anderen die Akten- und Beweislage, mit der Verteidiger arbeiten müssen.

Empfinden Sie es als Niederlage, wenn ihr Mandant zu einer langen Haftstrafe verurteilt wird?

Nein. Nach 31 Jahren Berufserfahrung kann ich die Straferwartung eines Mandanten im Falle der

Verurteilung durchaus einschätzen. Natürlich empfindet man die Verurteilung des Mandanten als solche oder die Höhe der Strafe manchmal als unrichtig oder unangemessen, aber nicht als persönliche Niederlage. Dies wäre mit dem Gebot der professionellen Distanz nicht vereinbar. Wenn ich der Meinung bin, dass ein Urteil in tatsächlicher oder rechtlicher Hinsicht fehlerhaft ist, empfehle ich die Einlegung eines Rechtsmittels.

Was war für Sie persönlich die wichtigste Verteidigung, die Sie in Ihrer Karriere geführt haben?

Es gibt eine ganze Reihe von Verfahren, die sich für meine berufliche Entwicklung prägend ausgewirkt haben. Die Verteidigung eines Polizeibeamten im sogenannten Bernauer Polizistenprozess vor dem LG Frankfurt/Oder (1996–1998) gehört dazu, die Verteidigung des Hauptbeteiligten des sogenannten Bayerischen Schweinemast-Skandals vor dem LG Regensburg (2001–2002) und schließlich diverse Schwurgerichtsverfahren wie zum Beispiel der Schwertmordprozess vor dem LG Regensburg im Jahre 2007.

Und ihre größte Niederlage?

Wie gesagt, empfinde ich die Verurteilung eines Mandanten abweichend von meinem Schlussantrag nicht als Niederlage. Ich erlebe aber immer wieder Enttäuschungen, die weniger mit dem Ergebnis, sondern mehr mit dem Verfahren als solchem zusammenhängen. Dazu zählt zum Beispiel der unkritische Umgang mancher Richter mit belastenden Zeugenaussagen, wohingegen entlastende Zeugenangaben oftmals exzessiv hinterfragt werden.

Als Verteidiger sind Sie ebenso wie der oder die mutmaßlichen Täter Angriffsfläche für Anfeindungen und Beschimpfungen. Können Sie einige Beispiele schildern? Und wie gehen Sie damit um?

Ich persönlich bin von Anfeindungen oder Beschimpfungen gegen meine Person weitgehend verschont geblieben. Allerdings ist mir bekannt, dass insbesondere in Sexualstrafverfahren oder in Verfahren gegen ausländische Beschuldigte der Druck auf die Justiz aufgrund von medialer Berichterstattung besonders hoch ist. In diesen Fällen kommt es dazu, dass Verteidiger in Netzwerken beschimpft werden, dass von ihnen verlangt wird, in Mord-, Vergewaltigungs- und Missbrauchsverfahren das Mandat niederzulegen oder auf die Einlegung der Revision zu verzichten. Auf dem 43. Strafverteidigertag, der vom 22. bis 24. März 2019 in Regensburg stattfand, hat sich eine Arbeitsgruppe unter der Überschrift „Pranger 3.0" mit diesem besorgniserregenden Phänomen auseinandergesetzt.

> „DER VERTEIDIGER IST ALS GLEICHBERECHTIGTES ORGAN DER RECHTSPFLEGE BESTANDTEIL DES STRAFVERFAHRENS."

Meines Erachtens ist es erforderlich, dass Strafverteidiger ihre Anliegen offensiver in den Medien vertreten. Der Verteidiger ist als gleichberechtigtes Organ der Rechtspflege Bestandteil des Strafverfahrens. Engagierte Strafverteidiger verteidigen daher nicht nur ihre Mandanten, sondern auch den Rechtsstaat selbst. Dies muss man den Leuten erklären.

Was haben Sie in all ihren Berufsjahren als Strafverteidiger über die Menschen gelernt?

Die Antwort auf diese Frage lässt sich in wenigen Worten kaum darstellen. Die moderne Strafverteidigung ist keine klassische juristische Materie mehr, sondern sie ist interdisziplinär geworden. Als Verteidiger, der viel in Gewalt- und Kapitalstrafverfahren unterwegs ist, habe ich gelernt, dass es kaum etwas gibt, wozu der Mensch nicht fähig ist. ✖✖✖

Landkreis
Regen

Am 6.11.1989 wurde an
dieser Stelle Fräulein
ANNETTE K
aus
im Alter von 17 Jahren
brutal ermordet

SPÄTE RACHE

15 Jahre müssen die Eltern und Geschwister auf Antworten warten. 15 Jahre, in denen nur einer weiß, wer die 17-jährige Annette in einer Novembernacht 1986 im niederbayerischen Patersdorf umgebracht hat. Dann macht die Kriminaltechnik einen revolutionären Sprung. Auch aus alten Tatortspuren kann nun im Labor DNA gewonnen werden. Das Verbrechen an der jungen Frau wird als eines der ersten in Deutschland mit dem neuen Verfahren untersucht. Das Ergebnis ist erschütternd.

Die Wolken hängen tief an diesem Juni-Nachmittag. Seit Tagen regnet es. Ein Wetter, das gut zu diesem Ort passt, sagt Franz Hackl. Hackl war 25 Jahre Redaktionsleiter und Lokalreporter für die Passauer Neue Presse. Er, der selbst aus der Gegend stammt, ist unzählige Male an dem Kreuz mit Inschrift neben einer Parkbucht am Ortsrand von Patersdorf vorbeigefahren. Nun kommt der Journalist, inzwischen im Ruhestand, wieder hierher, um noch einmal über das zu sprechen, was er bis heute seinen „krassesten Fall" nennt: Den Mord an der 17-jährigen Annette. Hackl war 1986 der einzige Reporter, der mit den beiden Streifenbeamten am Tatort war. Die Bilder der halb entkleideten Toten, die mit zertrümmertem Schädel und blutverkrustetem Gesicht im feuchten Gras lag, haben sich in sein Gedächtnis gebrannt.

Der Journalist Franz Hackl war, zusammen mit der Polizei, als Erster am Tatort. Foto: Stöcker-Gietl

Es ist der 8. November 1986. Ein Samstag. Gegen 7.30 Uhr erhält Hackl einen Anruf der Polizei. Seit einigen Monaten ist er Redaktionsleiter in Viechtach. Mit den Beamten der Inspektion ist er gut bekannt. Deshalb rufen sie ihn zu Hause an. „Wir haben hier eine tote Frau liegen", sagt der Beamte. Details verrät er nicht. Hackl denkt an einen Verkehrsunfall, denn die Stelle, zu der er hinbestellt wird, ist eine der bekanntesten Kreuzungen in der Gegend. Hier mündet die Bundesstraße 11 in die Bundesstraße 85. Immer wieder ereignen sich Zusammenstöße mit tödlichem Ausgang. Hackl packt seine Kamera, Block und Stift und macht sich auf den Weg. Doch diesmal steht der Journalist nicht vor demolierten Fahrzeugen. Die Leiche liegt keine fünf Meter neben der Straße an einer Böschung. Neben ihr eine hölzerne Schneestange, üblicherweise bei viel Schnee im Winter zur Orientierung entlang der Straße aufgestellt. Jetzt aber liegt die Stange am Boden, in zwei Teile zerbrochen, mit Blut überzogen. Hackl ist sofort klar, dass er an einem Tatort steht. „Es war so unwirklich. Auf der Wiese weideten Schafe, alles wirkte so friedlich. Und dann, inmitten dieser herbstlichen Stimmung, dieses schreckliche Verbrechen." Hackl nimmt seine Kamera und dokumentiert den Mord, der die Menschen in der Region noch viele Jahre beschäftigen wird.

Annette fällt auf. Mit ihren 1,82 m und der kurvigen Figur sticht die Schülerin einer Hauswirtschaftsschule aus der Menge heraus. Die 17-Jähri-

> **NEBEN IHR LIEGT EINE HÖLZERNE SCHNEESTANGE, IN ZWEI TEILE ZERBROCHEN, MIT BLUT ÜBERZOGEN.**

ge hat damit kein Problem. Sie betont es sogar und kleidet sich gerne flippig, sodass andere Notiz von ihr nehmen. Das wird den Ermittlern später helfen. Denn vielen fällt die junge Frau an jenem Freitagabend in der Kneipen- und Diskoszene in Regen und Patersdorf wegen ihres extravaganten Kleidungsstils auf. Zu einem farbig-gesprenkelten Tweedrock und einem weißen Pulli trägt sie einen Wollmantel mit Fischgrätmuster, mit Blumen verzierte Seidenstrümpfe und einen pfiffigen, grünen Filzhut. Dieser Hut wird später die Richtung weisen, in der die Polizei nach dem Täter suchen muss. Die wichtigste Spur wird allerdings Annette selbst liefern, 15 Jahre nach ihrem Tod: DNA.

> DIE WICHTIGSTE SPUR WIRD ANNETTE SELBST LIEFERN, 15 JAHRE NACH IHREM TOD: DNA.

Als Annette stirbt, ist die Kriminaltechnik nicht so weit, um einen Täter anhand seiner am Tatort hinterlassenen genetischen Spuren zu überführen. Aber es gibt bereits das Wissen, dass es eines Tages möglich sein wird. Die Kripo, die zeitweise in einer Sonderkommission mit bis zu 25 Ermittlern an der Aufklärung des Verbrechens arbeitet, geht akribisch vor, auch was die Asservate betrifft. Das wird sich später als Glücksfall herausstellen. Denn nicht nur das Tatwerkzeug, die blutige Schneestange, und die Kleidung des Opfers werden aufbewahrt, auch die Fingernägel von Annette werden abgeschnitten und in der Rechtsmedizin in Erlangen eingelagert. Die Untersuchungen am Tatort deuten darauf hin, dass sich die Schülerin heftig gewehrt hat. Möglicherweise hat sie den Täter

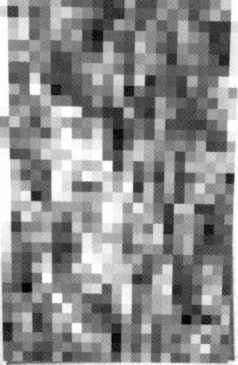

In der Passauer Neuen Presse berichtete Franz Hackl groß über das Verbrechen in Patersdorf.
Foto: Franz Hackl

gekratzt. Unter ihren Nägeln könnte es eine Spur zu dem Unbekannten geben. Aber noch ist das Asservat wertlos für die Ermittler. Noch.

Journalist Franz Hackl erinnert sich an die Tage nach der Tat, in der in der Region tiefe Bestürzung über das brutale Verbrechen herrscht und sich zunehmend Angst breit macht. Er schreibt in seinen Artikeln über den letzten Abend der jungen Frau, die alleine durch Gasthäuser und Tanzlokale streift. Gegen 19 Uhr verlässt Annette ihr Zimmer im Haus der Eltern. Von einem Wirtshaus in ihrem Heimatdorf aus zieht sie weiter nach Regen. Sie wird im „Tanzboden" und in der „Hüttenschenke" gesehen und besucht die Disko „Tenne" in Patersdorf. Gegen 3 Uhr nachts wird sie beobachtet, wie sie das Café Schnitzbauer auf dem Stadtplatz in Regen verlässt. Sie trägt ihren Wollmantel und den grünen Filzhut. Die Zeugen können sich später gut daran erinnern. Nur ihren Begleiter, den hat niemand gesehen. Wen bittet Annette, die häufiger per Anhalter unterwegs ist, sie nach der durchtanzten Nacht nach Hause zu bringen? Oder wird sie von jemandem angesprochen? Das Mädchen steigt nur bei Bekannten ins Auto, wissen Familie und Freunde. Deshalb muss die Polizei davon ausgehen, dass der Mann, der sie getötet hat, keine fremde Person für sie war. Sie müssen sich – zumindest flüchtig – gekannt haben.

Im rechtsmedizinischen Institut in München hat der damalige Leiter, Prof. Dr. Wolfgang Eisenmenger, die erfolgreiche Arbeit an der Aufklärung dieses traurigen Falls nicht vergessen. „Natürlich kann ich mich an den Schneestangen-Mord erinnern", sagt er. Eisenmengers Labor bekommt 2001 den Auftrag, in dem ungeklärten Mord in Niederbayern nach DNA-Spuren zu suchen. Es ist einer der ersten sogenannten Altfälle in Bayern, die noch einmal mit den neuen kriminaltechnischen Möglichkeiten überprüft werden.

Mithilfe der DNA-Analyse wird ab Ende der 1990er Jahre so mancher Täter von seiner Vergangenheit eingeholt. Bayerns erster Massen-Gentest findet 1999 in Erlangen statt. Dort wird der Mörder einer Arzthelferin gesucht. Auch die Kripo Straubing setzt nun im Fall Annette ihre Hoffnung auf bisher unentdeckt gebliebene Spuren des Täters. Die Erleichterung sei groß gewesen, dass die Fingernägel noch in Erlangen asserviert waren, sagt Erster Kriminalhauptkommissar Arno Bogner, heute Chef der Kriminalpolizeistation Deggendorf, der damals der Ermittlungsgruppe angehörte. Dr. Katja Anslinger von der Abteilung für forensische Molekularbiologie hat die Analyse übernommen und tatsächlich an den abgeschnittenen Fingernägeln der Hauswirtschaftsschülerin einen Hautfetzen gefunden. Es gelingt ihr, daraus das Erbmolekül zu isolieren und die darin enthaltene männliche DNA zu entschlüsseln. Damit gibt es Genmaterial, das für einen Vergleich infrage kommt. Der Täter ist nicht mehr unsichtbar.

Hubert Hammerl führt ein unauffälliges Leben. Mit Mitte 30 hat er sich mit seiner Frau und der minderjährigen Tochter ein gutbürgerliches Umfeld in der Idylle des Bayerischen Waldes aufgebaut. Der gelernte Glasbläser arbeitet als Rettungssanitäter und engagiert sich in den Vereinen seines

Die Leiche der jungen Hauswirtschaftsschülerin lag an einem Hang direkt neben dem Rastplatz. Foto: Franz Hackl

Wohnortes. Er gilt als freundlicher Nachbar, hilfsbereiter Kumpel, engagierter Kollege. Und er ist seiner Tochter ein sehr guter Vater, wie sein Anwalt später besonders herausstellen wird. Hammerl hat keine Vorstrafen, sein Leumund ist einwandfrei. Dieses heile Familienleben, das soziale Umfeld – das wird die Menschen später, als die Nachricht ans Licht kommt, am meisten schockieren. Viele haben sich Annettes Mörder als eine Art Monster vorgestellt. Einen skrupellosen Triebtäter, dem ein Menschenleben nichts wert ist. Und dann das. Ausgerechnet ein Mann, der als Sanitäter täglich im Einsatz für Kranke ist, tötet mit hemmungsloser Gewalt. „Mich hat fast der Schlag getroffen", sagt Hackl.

> **AUSGERECHNET EIN MANN, DER ALS SANITÄTER TÄGLICH IM EINSATZ FÜR KRANKE IST, TÖTET MIT HEMMUNGSLOSER GEWALT.**

1986 ist Hammerl 22 Jahre alt. Ein dunkelhaariger, schnauzbärtiger Mann, der sich für Kraftsport interessiert. So wie damals der Großteil seiner Freunde. Sie eifern Arnold Schwarzenegger nach und pumpen ihre Körper mit allerlei Hilfsmittel auf. Mit ihren muskulösen Oberarmen und den baumstammdicken Oberschenkeln wollen sie den Mädchen imponieren. Hammerl ist kein Aufreißer. Eher ein in sich gekehrter junger Mann, werden später die Zeugen im Prozess sagen. An jenem Novemberabend ist er alleine unterwegs, weil seine neue Freundin andere Pläne hat. So streift er durch die einschlägigen Lokale, in denen sich die jungen Leute treffen. In der Regener Disco „Tanzboden" fällt ihm Annette auf. Annette mit dem grünen Filzhut.

Mit dieser Schneestange wurde Annette erschlagen. Foto: Franz Hackl

Sie kennen sich vom Sehen und vom Hörensagen, wird es später heißen. Hammerl offenbart, er rechnete sich bei der 17-Jährigen Chancen aus. „Dass noch was ginge in dieser Nacht." Deshalb bietet er an, sie mit seinem Auto nach Hause zu bringen. Die Schülerin willigt ein. Bedenkenlos. Was genau sich danach im VW Golf des Mannes abspielt, werden die Richter der Schwurgerichtskammer am Landgericht Deggendorf nicht mehr im Detail klären können. Denn Hubert Hammerl wird sich nicht zu der Tat äußern. Mehr als den DNA-Beweis, dass er es war, der mit dem Begrenzungspfosten auf die junge Frau einknüppelte, wird er dem Gericht nicht liefern. „Wir müssen nicht sämtliche scheußliche Details dieser Tat rauskriegen, um ihn verurteilen zu können", sagte der Kammervorsitzende Anton Nachreiner bei der Urteilsverkündung.

Unstrittig ist: Annette will nicht das, was sich Hammerl in dieser Nacht erhofft. Sie wimmelt den 22-Jährigen ab,

UNSTRITTIG IST: ANNETTE WILL NICHT DAS, WAS SICH HAMMERL IN DIESER NACHT ERHOFFT.

soll seine Hand von ihrem Oberschenkel weggestoßen und ihm so unmissverständlich klar gemacht haben, dass seine Annäherungsversuche zwecklos sind. Am Parkplatz an der B 85 hält Hammerl an und versucht das Mädchen mit zunehmend grobem Verhalten zu sexuellen Handlungen zu zwingen. Annette reißt die Autotür auf und rennt in Richtung Kreuzung zur B 11. Sie kommt nur wenige Meter. Hammerl holt sie ein, wirft sie um, reißt ihr die Kleider vom Leib und würgt sie. Annette kämpft um ihr Leben. Schreit, tritt, kratzt. Hammerl packt eine rund zweieinhalb Meter lange Schneestange und schlägt zu. Wieder und immer wieder. Bis die Schneestange in zwei Teile zerbricht. Mindestens sieben Mal, aber vielleicht auch bis zu 30 Mal trifft der Holzpfahl Annette an Kopf und Gesicht, heißt es im Obduktionsbericht. Hammerl, der Kraftsportler, lässt erst von seinem Opfer ab, als es sich nicht mehr rührt. Jetzt kann sie ihn nicht mehr bei der Polizei verraten. Er steigt in sein Auto. An seiner Kleidung klebt Annettes Blut. Er ist zum Mörder geworden, weil sie ihn hat abblitzen lassen. Mit seinem VW Golf rast er in südliche Richtung davon.

> **AN SEINER KLEIDUNG KLEBT ANNETTES BLUT. ER IST ZUM MÖRDER GEWORDEN, WEIL SIE IHN HAT ABBLITZEN LASSEN.**

Journalist Hackl spricht in den darauffolgenden Stunden und Tagen mit vielen Menschen. So erfährt er auch von der ersten heißen Spur, die Spaziergänger bereits kurz nach der Tat liefern. Sie finden am Flüsschen Flanitz bei Frauenau, etwa 30 Kilometer vom Tatort entfernt, einen grünen Filz-

Der Anblick am Tatort war unwirklich, erinnert sich Journalist Hackl. Im Hintergrund weideten Schafe. Foto: Franz Hackl

hut und geben ihn in einem nahegelegenen Gasthaus ab. Es ist Annettes Hut. Der Täter hatte ihn auf der Heimfahrt im Auto gefunden und weggeworfen – in der Hoffnung, dass das Wasser ihn davontreiben würde. Doch der Hut bleibt an der Uferböschung hängen und liefert so eine wichtige Erkenntnis. Der Täter kommt sehr wahrscheinlich aus dem Landkreis Regen.

Zeugen benennen in der Folge verschiedene Fahrzeuge und sie liefern Täterbeschreibungen. Ein Mann, etwa 1,85 Meter groß, schlank und mit Oberlippenbart wird gesucht. An die 1000 gelbe Fahndungsplakate mit einem Phantombild werden 1986 in der Region geklebt. Doch es ist die falsche Person. Hubert Hammerl gerät nichts ins Visier. Er baut sich unbehelligt ein neues Leben auf. Ein Leben nach dem Mord.

Ende der 1990er Jahre berichten die Medien über die großen Fortschritte in der Kriminaltechnik. Die Aufklärungsquote für ungeklärte Verbrechen steigt. Jetzt holt auch Hammerl die Vergangenheit ein. Hat er seine DNA am Tatort hinterlassen? Diese Frage wird er sich viele Male gestellt haben. Eine Antwort erhält er im Februar 2001, als rund 100 Männer zu einer Speichelprobe einbestellt werden. Noch hat er keine Post von der Polizei bekommen. Die Kripo Straubing informiert die Öffentlichkeit aber kurz darauf über einen weite-

DNA-ANALYSE

Der Durchbruch in der DNA-Analyse gelang 1987 in Großbritannien, als der Mord an zwei Schülerinnen mithilfe einer an den Tatorten sichergestellten DNA aufgeklärt werden konnte.

1998 richtete das Bundeskriminalamt die DNA-Analyse-Datei, kurz DAD, ein. Den ersten DAD-Treffer gab es am 03.11.1998. Heute sind in der DAD über 1,2 Millionen Datensätze gespeichert, davon rund 870.000 Personendatensätze und ca. 358.000 Spurendatensätze.

In Bayern sind laut dem Bayerischen Landeskriminalamt 210.000 Personendaten und 58.000 Spurendaten in der DNA-Analyse-Datei erfasst.

ren geplanten Massen-Gentest. Für die DNA-Reihenuntersuchung sollen nun 350 Männer aus dem Bekanntenkreis des Mädchens zum Test erscheinen, sowie Männer, die zur Tatzeit zwischen 18 und 25 Jahren alt waren und aus dem Landkreis Regen kommen. Diesmal trifft es auch Hammerl. Die Ermittler sind ihm jetzt dicht auf den Fersen.

Am 25. Juni 2001 sucht der 37-Jährige die Polizeiinspektion Regen auf. Eine Woche vor dem angesetzten Termin für die Speichelprobe. Er erklärt, dass er zum geladenen Tag keine Zeit hat. Die Probe wird umgehend ins Labor nach München geschickt. Das Ergebnis liegt vor, noch bevor der eigentliche Massen-Gentest durchgeführt wird, erinnert sich Dr. Anslinger. „Die anderen Männer wurden wieder ausgeladen." Derjenige, der Annette das Leben nahm, ist gefunden. Die Polizei nimmt ihn in seinem Einfamilienhaus fest. Er hatte die Probe auch deshalb freiwillig abgegeben, weil er sicher war, dass es uns nicht gelingen würde, ihn zu überführen, erinnert sich Ermittler Bogner. „Er wusste ja, dass wir kein Sperma von ihm haben. Dass ein Hautfetzen hinter dem Fingernagel reichen würde, das wusste er nicht."

Die Familie hat kurz nach dem Verbrechen ein Kreuz mit Gedenktafel am Tatort aufstellen lassen. Foto: Stöcker-Gietl

Die Spuren an Annettes Leiche überfuhrten den Täter 15 Jahre nach der Tat. Foto: Franz Hackl

Annettes Mutter hat ihrer Tochter versprochen, dass sie einen Blumenstrauß an den Tatort bringen wird, wenn der Täter gefasst ist. Sie hat lange auf diesen Tag warten müssen. Bereits kurz nach dem Verbrechen lässt die Familie das Holzkreuz an der Stelle aufstellen, an der die 17-Jährige getötet wurde. „Am 8.11.1986 wurde an dieser Stelle Fräulein Annette im Alter von 17 Jahren brutal ermordet", steht auf der kleinen Holztafel. Auf dem Kreuz ist ein Foto. Die Schülerin mit den kurzen braunen Haaren lacht in die Kamera. Der Mörder hat ihr 60 Lebensjahre genommen, wird die Mutter einem Journalisten sagen, als das Urteil gefallen ist. Sie werde ihm das nie verzeihen können.

Hubert Hammerl wird im Mai 2002 vom Landgericht Deggendorf zu einer lebenslangen Gefängnisstrafe verurteilt. Er habe Annette getötet, um damit eine Straftat, den sexuellen Übergriff, zu verdecken. Hammerls Verteidiger Hartmut Finger wollte eine deutlich geringere Strafe erreichen, weil sein Mandant enorm unter seinem Geheimnis gelitten habe. Die Staatsanwaltschaft sah hingegen die besondere Schwere der Schuld gegeben. Dem entsprach das Gericht jedoch nicht; somit konnte Hammerl das Gefängnis in Straubing, wo er seine Strafe verbüßt hat, nach 15 Jahren verlassen. Er ist weggezogen, um anderswo neu anzufangen, hat Journalist Hackl gehört.

Seit 1986 haben sich in Bayern knapp 200 Morde ereignet, die nicht gelöst werden konnten. Hinzu kommen Fälle, die noch länger zurückliegen und bei denen ebenfalls kein Täter ermittelt ist. Fünf sogenannte Altfälle gibt es in Niederbayern, sieben in der Oberpfalz. Ein Fall wird dann zu einem sogenannten Cold Case, wenn die Polizei keine weiteren Ermittlungsansätze mehr findet. Die Akten werden danach aber weiter in regelmäßigen Abständen überprüft, etwa mit den aktuellen labortechnischen Möglichkeiten. Denn DNA-Spuren lassen sich auch noch nach vielen Jahrzehnten aus Haaren oder Hautschuppen gewinnen. So konnte etwa in Hessen nach über 40 Jahren ein Mord nach einem Trinkgelage unter Männern aufgeklärt werden. Auch Vorsitzender Richter Nachreiner weist bei der Urteilsverkündung in Deggendorf darauf hin, dass sich Mörder dank moderner Labortechnik nicht mehr in Sicherheit wähnen können – egal, wie lange das Verbrechen zurückliegt. Hammerl, so sagt Nachreiner, ist durch „die späte Rache Annettes" überführt worden. ✖✖✖

> **HAMMERL IST DURCH „DIE SPÄTE RACHE ANNETTES" ÜBERFÜHRT WORDEN.**

Stadt Schwandorf

DER NEONAZI

Ein Aufkleber an der Haustür eines
Mehrfamilienhauses. „Türkler disariya –
Türken raus" heißt es drohend unter dem
Hakenkreuz. Schwandorf im Dezember 1988.
Ein Jugendlicher streift durch die Nacht.
Zeigt offen seinen Hass auf Ausländer.
Stunden später sind vier Menschen tot.

Die Tafel an der Schwaigerstraße 2, Ecke Postgartenstraße, ist schlicht. „Den Lebenden zur bleibenden Mahnung" ist in das Glas graviert, darüber vier Namen: Mehmet Can (12), Fatma Can (44), Osman Can (50) und Jürgen Hübener (47). Wer nicht gezielt nach der Inschrift sucht, läuft wie viele, die hier täglich unterwegs zum Bahnhof, zur Bank oder zu einem der Geschäfte sind, ahnungslos vorbei. Die unscheinbare Tafel erinnert an eine Katastrophe, deren Hintergründe lange kleingeredet wurden. Vier Menschen sind gestorben, weil ein stadtbekannter Neonazi Feuer legte. In einem Haus mit vielen ausländischen Mietern. 1988 in Schwandorf. Drei Jahre vor Hoyerswerda, Mölln, Solingen, Rostock-Lichtenhagen. Jenen Orten, die für eine neu aufkeimende Ausländerfeindlichkeit in Deutschland stehen. Aber wer im Land erinnert sich an Schwandorf?

Leyla Kellecioglu lebt in der Stadt in der mittleren Oberpfalz. Dort, wo ihre Eltern und ihr 12-jähriger Bruder starben. „Die Türkei ist die Heimat im Herzen, aber Schwandorf ist für mich auch Heimat, ei-

Die unscheinbare Tafel erinnert an eine Katastrophe, deren Hintergründe lange kleingeredet wurden. Foto: Stöcker-Gietl

Den Beschluss, den Gedenkstein, den Irene Maria Sturm anfertigen ließ, aufzustellen, fasste der Schwandorfer Stadtrat erst 2016.

Er steht nun in einer kleinen Grünanlage am Schlesierplatz. Die Gedenktafel wurde 2007 auf Initiative der SPD-Stadtratsfraktion errichtet.

ne zweite Heimat." Sie ist mit ihrem Mann, den Kindern und Enkelkindern glücklich hier, sagt sie. Aber sie ist weggezogen aus dem Zentrum. Raus aus den dicht aneinanderstehenden Wohnblöcken, deren Klingelschilder die Herkunft der Bewohner verraten. Weg von den Straßen, in denen sie längst wieder aufmarschieren. Heute geht die Stadt allerdings anders damit um, auch mit den verbalen Zündlern. Ein Bündnis gegen Rechtsextremismus hat sich gegründet. Schwandorf schaut nicht mehr weg. Verharmlost nicht mehr. Stellt sich entgegen. Leyla Kellecioglu hat 21 Jahre auf eine Gedenkfeier gewartet, 19 Jahre auf eine Gedenktafel. Sie hat sich nie beklagt.

Die Katastrophe ereignet sich am 17. Dezember 1988. Damals ist sie 19 Jahre alt. „Leyla, das Haus deiner Eltern brennt!", schreit mitten in der Nacht ihr Schwiegervater auf der Straße. Dann klopft es laut und eindringlich an der Tür. Die junge Frau, im sechsten Monat schwanger, wirft sich einen Mantel über und rennt mit ihrem Schwager die wenigen Meter zum Habermeier-Haus, in dem ne-

Die Cans kamen 1969 als Gastarbeiter nach Deutschland, Sohn Mehmet wurde in der Oberpfalz geboren.
Fotofreigabe: Leyla Kellecioglu

ben ihren Eltern drei weitere türkische Familien leben. Im Erdgeschoss befindet sich ein Elektrogeschäft, dessen großer Schriftzug dem Haus seinen Namen gibt. Darüber sechs Wohnungen auf zwei Stockwerken und ein ausgebauter Spitzboden. Leyla Kellecioglu sieht den dichten Rauch aufsteigen, sieht zwei Menschen aus dem Fenster springen und Bewohner, die über eine Drehleiter von der Feuerwehr gerettet werden. Ihre Familie, die im zweiten Obergeschoss wohnt, findet sie nicht. Sie wird panisch. „Meine Eltern, mein Bruder, wo sind sie?", schreit sie den Helfern entgegen. Sie erhält keine Antwort. Um 4.10 Uhr entdecken Feuerwehrleute eine verkohlte Leiche in der Wohnung Can. Sie ist unter Brandschutt begraben. Es ist Fatma, die Mutter von Leyla Kellecioglu. Zwölf Stunden später werden auch Vater und Sohn aus den Trümmern geborgen. Jürgen Hübener, Mitglied der DKP, der Deutschen Kommunistischen Partei, hatte noch versucht ins Treppenhaus zu gelangen. Im zweiten

Obergeschoss bricht er bewusstlos mit einer Rauchgasvergiftung zusammen und stirbt. Die Mittelbayerische Zeitung schreibt: „Vier Menschen bis zur Unkenntlichkeit verbrannt." Noch ist unklar, was passiert ist.

Johann Kiener ist pensionierter Kriminalhauptkommissar. Freundlicher Blick, grauer Vollbart, Brille. 1988 ist er im K1 bei der Kriminalpolizeiinspektion Amberg beschäftigt. K1, das Kommissariat, das sich mit Kapitalverbrechen gegen Leib und Leben, Sexualdelikten und Brandstiftungen befasst. Viele schrecklichen Szenen und Bilder haben sich in seinem Polizistenleben angesammelt. Kiener ist ein Praktiker durch und durch. Beim K1 kümmert er sich schwerpunktmäßig um Straftaten, die mit Bränden zusammenhängen. Er überführt kleine und große Brandstifter. Und er findet den Neonazi, der das Habermeier-Haus in Brand gesteckt hat. Jakob Seidl, 19 Jahre alt und mit einer riesigen Wut auf Ausländer im Bauch.

Kiener ist der erste, dem die Ungereimtheiten in Seidls Aussagen auffallen. Gutachter des Landeskriminalamtes hatten einen technischen Defekt ausgeschlossen, weshalb eine Brandstiftung immer wahrscheinlicher erscheint. Ein „Türken raus"-Aufkleber ist bereits am Tag nach dem Brand entdeckt worden. 300 Meter vom Habermeier-Haus entfernt. An dem Anwesen, in dem auch Leyla Kellecioglu wohnt. Das Kommissariat Staatsschutz wird hinzugezogen. Die bekannten Akteure der Neonazi-

> **EIN „TÜRKEN RAUS"-AUFKLEBER IST BEREITS AM TAG NACH DEM BRAND ENTDECKT WORDEN.**

Die Mittelbayerische Zeitung schrieb: „Vier Menschen bis zur Unkenntlichkeit verbrannt." Foto: Stöcker-Gietl

Szene werden befragt. Auch die rechte Gesinnung von Jakob Seidl ist bereits aktenkundig. In der Vernehmung gesteht er nach anfänglichem Leugnen, dass er den Aufkleber mit Hakenkreuz an die Haustür geklebt hat. Für den Brand im Habermeier-Haus präsentiert er allerdings ein Alibi. Als Kiener die Vernehmungen noch einmal überprüft, wird er stutzig. Dem erfahrenen Beamten fällt auf, dass Seidls zeitliche Angaben so nicht stimmen können. Ein erster Hinweis. Seit dem verheerenden Feuer sind zu diesem Zeitpunkt gut zwei Wochen vergangen.

Jakob Seidl ist Jahrgang 1969, geboren und aufgewachsen in der Oberpfalz. Nach der Hauptschule beginnt er eine Lehre in einer Autolackiererei und ist im dritten Lehrjahr, als ihn die Polizisten im Januar 1989 in seinem Betrieb zu einer Befragung abholen. Er wohnt noch bei seinen Eltern im Lindenviertel, einem Arbeiterbezirk. Schon früh hatte sich bei dem Jugendlichen eine Abneigung gegen alles „Fremdländische" manifestiert. Seidl hält Kontakt zur NPD und zur Freiheitlichen Deutschen Arbeiterpartei (FAP). Zudem ist er Mitglied in der NF, der Nationalistischen Front. Die Partei, die einen „Sonderführer" in der Oberpfalz abgestellt hat, läuft bei Gedenkmärschen für Hitler-Stellvertreter Rudolf Heß auf und zelebriert ein Heldengedenken für SS-Soldaten. Propagandistisches Material sowie Kontaktadressen zu den Führungspersonen der faschistischen Parteien werden bei

Die **FREIHEITLICHE DEUTSCHE ARBEITERPARTEI (FAP)**, die auch Jakob Seidls Interesse geweckt hatte, wurde 1979 vom ehemaligen HJ-Führer Martin Pape gegründet. Sie betrieb antisemitische, rassistische und neonazistische Propagandaarbeit und sah Gewalt zur Durchsetzung politischer Forderungen als legitim an. 1995 wurde die FAP verboten.

Die **NATIONALISTISCHE FRONT (NF)** wurde 1985 in Bielefeld gegründet. Den weltanschaulichen Kern der NF bildeten Ausländerfeindlichkeit und Antisemitismus, basierend auf völkisch-rassistischem Gedankengut. Die Partei betrieb intensive Jugendarbeit, gab unter anderem verschiedene Schriften heraus. Seidl war Mitglied der NF. Die Partei wurde 1992 als verfassungswidrige Organisation verboten.

der Durchsuchung von Seidls Zimmer sichergestellt. Dort findet das Kommissariat Staatsschutz zudem ein Foto, auf dem er den Hitlergruß zeigt. Später berichten Medien über weitere Ermittlungen wegen „Sieg Heil"-Rufen bei einem Fußballspiel und einer Attacke auf einen Rollstuhlfahrer. Seidl soll den jungen Mann aus dem Rollstuhl gezerrt und attackiert haben. Weil Behinderte in seiner kruden Gedankenwelt „unwertes Leben" sind. Auch an Treffen rechtsradikaler Gruppierungen sowie dem Bundesparteitag der NF nimmt der Jugendliche teil.

Seidl hat Pläne. Machtfantasien. Er will in der Hierarchie der rechten Gruppierungen vom einfachen Mitglied in die Führungsriege aufsteigen und eine eigene Wehrsportgruppe gründen. Er träumt davon, Leiter der NF in Schwandorf zu werden, damit ihm die Kameraden absoluten Gehorsam schulden. Der lokale Führer einer sportlich wie ideologisch gestählten Gruppe, die nicht nur Plakate klebt, sondern auch auf gewaltsame Auseinandersetzungen mit Ausländern und Linken vorbereitet ist. Doch seine Schwandorfer Skinhead-Kumpels zeigen wenig Ehrgeiz bei der Körperertüchtigung. Sie saufen lieber. Deshalb gibt es in der Gruppe Stress. Vor Gericht werden sie sagen, dass Seidl zunehmend „extremer, radikaler und fanatischer" wurde. Deshalb sei er hinausgeekelt worden. Wollte er den anderen zeigen, zu was er fähig war? Am 17. Dezember 1988 lässt Seidl seinen gehässigen Worten Taten folgen. Franz Schindler,

> AM 17. DEZEMBER 1988 LÄSST SEIDL SEINEN GEHÄSSIGEN WORTEN TATEN FOLGEN.

Schwandorfer Stadtrat, einstiger SPD-Landtagsabgeordneter und Vorsitzender des bayerischen NSU-Untersuchungsausschusses, sagt, dass damals jeder in der Stadt den Neonazi kannte. „Aber diese Tat hatte ihm niemand zugetraut."

„ABER DIESE TAT HATTE IHM NIEMAND ZUGETRAUT."

Es ist eine Wunde, die heute, mehr als drei Jahrzehnte nach der Tat, noch immer schmerzt. „Jedes Jahr im Dezember kommt die Traurigkeit über mich", sagt Leyla Kellecioglu. Ihrem Sohn, der wenige Wochen nach dem Feuer zur Welt kommt, gibt sie den Namen ihres toten Bruders: Mehmet. Er ist längst erwachsen, hat eine eigene Familie gegründet. All das hätte sie auch ihrem kleinen Bruder gewünscht. Er wurde in Deutschland geboren, war mehr deutsch als türkisch geprägt. Und trotzdem hätten ihm manche sein Leben hier nicht gegönnt, sagt die heute 50-Jährige. Auch die Eltern, sie kamen 1969 als Gastarbeiter, fühlten sich heimisch. Mit Fleiß hatten sie sich in dem zunächst fremden Land einen bescheidenen Wohlstand aufgebaut. Für die drei Töchter und Sohn Mehmet. „Was war falsch daran, sich anzustrengen, um den Kindern eines Tages ein besseres Leben zu

„Es ist ein Schmerz, der nie endet", sagt Leyla Kellecioglu.
Foto: Susanne Faschingbauer

ermöglichen?", fragt Leyla Kellecioglu. Die sterblichen Überreste ihrer Eltern und des kleinen Bruders hatte sie nach der Tat in die Türkei überführen lassen. Nach Iznik, 200 Kilometer östlich von Istanbul. Dort, wo ihre Schwestern heute wieder leben. Leyla Kellecioglu hat sich nicht aus Deutschland vertreiben lassen. „Wir haben niemandem etwas getan, warum gibt es diesen Hass auf uns?" Oft hat sie darüber nachgedacht und keine Antwort gefunden.

Dem jungen Brandstifter, der für den Tod von Familie Can und Jürgen Hübener verantwortlich ist, wird zunächst der Stempel des wirren Einzeltäters aufgedrückt. „Aus meiner Erinnerung heraus gab es damals tatsächlich keine feste Gruppe von Neonazis in Schwandorf", sagt Schindler. Doch er betont auch, dass in jener Zeit in der Region die WAA-Proteste alles überlagerten. „Wachsender Rechtsradikalismus wurde erst so richtig nach der Wiedervereinigung wahrgenommen." Vielleicht wiederholt auch deshalb der damalige Oberbürgermeister Hans Kraus mantraartig, dass „Schwandorf kein Ort des Neonazismus" sei. Den Brandstifter nennt er „irregeleitet". An einem Gedenkmarsch, dem 1989 etwa 1000 Deutsche und Türken folgen, nimmt Kraus nicht teil. Er wolle im Stillen gedenken, sagt er. Ein Gedenkstein? Eine öffentliche Würdigung der Tat? Die Stadt wolle keine Gewaltopfer 1. und 2. Klasse, heißt es lange aus der CSU, die im Stadtrat die Mehrheit stellt. Sonst müsste man ja jedem Gewaltopfer ein Mahnmal aufstellen, argumentiert etwa der Fraktionsvorsitzende Uwe Kass. „Wo fängt das an, wo hört das auf", wiegelt

> Der Verfassungsschutzbericht Bayern aus dem Jahr 1988 spricht von 260 Neonazis in Bayern, von denen 200 organisiert sind. Bundesweit seien es 1480. Für das Jahr 2019 verzeichnet Bayern 2570 Rechtsextremisten, von denen rund 1000 als gewaltbereit gelten.

er in einem Interview mit einem taz-Journalisten ab. Da hat die parteilose Stadträtin und Landtagsabgeordnete Irene Maria Sturm längst auf eigene Kosten einen Steinmetz beauftragt. In vier Abstimmungen – 1994, 1998, 1999 und 2001 – verweigert ihr das Kommunalparlament aber die Zustimmung, den Gedenkstein am Brandort aufzustellen. Man fürchtet, dass Schwandorf dadurch gebrandmarkt werden könnte. „Es war eine unsägliche Debatte damals", erinnert sich Schindler. „Es wurde damit argumentiert, dass man keinen Wallfahrtsort für Nazis schaffen wolle."

Es gelingt der CSU zunächst tatsächlich, das verheerende Feuer als Beleg für einen rechten Anschlag aus der öffentlichen Wahrnehmung zu verdrängen. So wundert es auch nicht, dass der damalige Innenminister Edmund Stoiber in den 1990er Jahren eine nachweislich falsche Aussage trifft. „Glücklicherweise waren im Freistaat bislang keine Todesopfer zu beklagen", sagt er in Bezug auf einen erstarkenden Rechtsextremismus in Bayern. Der Tod von Familie Can und Jürgen

Hübener? Schon fast vergessen. Leyla Kellecioglu erträgt auch das, ohne sich zu beklagen.

Während die Einordnung der Gewalttat lange Zeit in Anspruch nimmt, kann Sachbearbeiter Kiener am 5. Januar 1989, 20 Tage nach dem Feuer, den Fall als geklärt betrachten. Es ist noch zeitig am Morgen, als sich Jakob Seidl nach der ersten Nacht in Untersuchungshaft zu einem Geständnis bereit zeigt. Er wolle die Wahrheit sagen, betont er. Kiener notiert, dass die Vernehmung um 7.45 Uhr beginnt. Der 19-Jährige schildert, wie er an jenem Abend kurz vor 22 Uhr die Wohnung seiner Eltern verlassen hat. Es herrschten Minusgrade, zeitweise setzte Schneeregen ein. Er habe einen Spaziergang machen wollen, erzählt Seidl. Eine Zeugin wird später im Prozess bestätigen, dass sie Seidl in Brandortnähe gesehen hat.

Seidl ist eine auffallende Erscheinung. Der 19-Jährige trägt meist schwarze Jeans, schwarze Springerstiefel und eine schwarze Bomberjacke. Auf dem Kopf ein Barett. Häufig sei er auch mit einem Baseballschläger in der Stadt unterwegs gewesen, offenbaren seine Schwandorfer Neonazi-Kumpels im Gerichtsverfahren. In der Höflinger Straße, im Haus 5, von dem Seidl weiß, dass dort viele Türken wohnen, zieht er Stunden vor dem Brand einen „Türken raus"-Aufkleber aus der Jacke und klebt ihn an die Haustür. Danach, so sagt er in seinem Geständnis, sei ihm die Idee gekommen, noch „irgendwo zu zündeln". Er läuft nach Hause, um eine Schachtel Zündhölzer zu holen. Weil er weiß, dass im Habermeier-Haus mehrere ausländische Familien wohnen, sucht er in dem Eckanwesen an ver-

Über die Fenster musste die Feuerwehr die Toten aus dem einsturzgefährdeten Habermeier-Haus bergen.
Foto: Mittelbayerische Zeitung/Josef Pöllmann

schiedenen Stellen nach etwas Brennbarem und findet schließlich im Hausflur des Erdgeschosses mehrere Kartonagen mit Packpapier, die er mit vier Zündhölzern in Brand steckt.

Die Flammen breiten sich rasend schnell aus, binnen kürzester Zeit ist das Treppenhaus als Fluchtweg versperrt. Seidl ruft nicht die Feuerwehr. Er geht nach Hause. Die Zündholzschachtel nimmt er wieder mit. Sie wird später von der Polizei sichergestellt. Als überall in Schwandorf die Sirenen heulen, liegt er in seinem Bett. Gegenüber seiner Schwester gibt er sich ahnungslos, als sie das Gespräch auf das abgebrannte Haus lenkt. Kiener erinnert sich bis heute daran, dass all das, was Seidl an jenem Morgen gesagt hatte, plausibel und schlüssig klang. Er habe erleichtert gewirkt, sogar Reue gezeigt.

Doch Seidl widerruft sein Geständnis vier Tage nach der Vernehmung bei

> **SEIDL RUFT NICHT DIE FEUERWEHR. ER GEHT NACH HAUSE. […] ALS ÜBERALL IN SCHWANDORF DIE SIRENEN HEULEN, LIEGT ER IN SEINEM BETT.**

Die Flammen breiteten sich rasend schnell aus, binnen kürzester Zeit war das Treppenhaus als Fluchtweg versperrt.
Foto: Mittelbayerische Zeitung/Archiv

einer geplanten Tatrekonstruktion in der Schwaigerstraße. Die Tat sei ihm, so sagt er wörtlich, „von den Vernehmungsbeamten aufgeplaudert" worden. Kiener widerspricht. „Er hat Täterwissen preisgegeben. Wir hatten also keinen Zweifel, dass wir den Richtigen überführt haben."

Insgesamt 46 Seiten Abschlussbericht tippt Kiener auf seiner Dienst-Schreibmaschine. In seiner Schlussbemerkung heißt es, dass die Ermittler überzeugt seien, dass Seidl den Brand vorsätzlich gelegt hat und dafür den Tod von vier Hausbewohnern billigend in Kauf nahm. Doch für eine Mordanklage reicht es nicht.

Im darauffolgenden Jahr, am 2. April 1990, beginnt vor der Jugendstrafkammer am Landgericht Amberg der Prozess. Seidl erscheint mit Hemd und dunkler Jacke. Unauffällig, angepasst. Aber innerlich, das wird sich rasch zeigen, ist er nicht von seiner ausländerfeindlichen Haltung abgerückt. Angeklagt ist er wegen besonders schwerer Brandstiftung. Nach dem widerrufenen Geständnis zieht es der Angeklagte vor, auch jetzt zu den Tatvorwürfen zu schweigen. „Ich mache keine Angaben", ist der einzige Satz, der über seine Lippen kommt. Prozessbeobachter schildern, wie er seinen Blick auf ein Kreuz an der Wand richtet oder phasenweise komplett die Augen schließt. Leyla Kellecioglu erinnert sich an das Gefühl, das ihr im Gerichtssaal fast die Luft zum Atmen nahm. Am zweiten Prozesstag hält es sie nicht mehr auf ihrem Platz. Als Wachmänner Jakob Seidl aus der Untersuchungshaft bringen, stürzt sie durch den Gerichtssaal und stellt sich dem Angeklagten in den Weg. Ganz nah ist ihr Gesicht seinem Gesicht. Dann schreit sie Jakob Seidl all ihren Schmerz entgegen: „Warum hast du meinen Bruder verbrennen lassen?" Eine Antwort gibt ihr der Angeklagte nicht.

Mehr als 60 Zeugen und mehrere Sachverständige holt das Gericht unter Vorsitz von Landgerichtsvizepräsident Josef Auernhammer in den Sitzungssaal. Ein Novum: Das Habermeier-Haus wird von einem Modellbauer nachgebaut. So können die Zeugen anhand der maßstabsgetreuen Holzkonstruktion genau zeigen, was sich in der Dezembernacht 1988 zugetragen hat oder wie sie selbst der Flammenhölle entkamen.

> „ICH MACHE KEINE ANGABEN", IST DER EINZIGE SATZ, DER ÜBER SEINE LIPPEN KOMMT.

Im Vergleich zum NSU-Prozess, der mehr als zwei Jahrzehnte später 437 Verhandlungstage dauern wird, ist die Jugendkammer in Amberg nach neun Sitzungen zu einem Urteil gelangt. Jakob Seidl wird wegen schwerer Brandstiftung nach Erwachsenenstrafrecht verurteilt. Er erhält eine Haftstrafe von zwölfeinhalb Jahren. Die Richter hatten darauf verzichtet, Neonazi-Größen zu Aussagen in das Amberger Gericht zu holen. Die Nebenkläger hatten darauf gedrängt. Doch für Auernhammer ist die Ausländerfeindlichkeit Seidls bereits zweifelsfrei geklärt. Gegen das Urteil legen nicht nur die Töchter der Familie Can Revision ein, die einen Schuldspruch wegen Mordes fordern. Auch Seidl zieht vor den Bundesgerichtshof. Er will eine Verurteilung wegen fahrlässiger Brandstiftung erreichen. Der BGH verwirft beides. Damit ist der Amberger Schuldspruch rechtskräftig.

In der Neonazi-Szene wird der nun 20-Jährige als Held gefeiert. Aus der Haft heraus gibt er einem Skinhead-Magazin ein Interview, was der Journalist Michael Schmidt in einem Buch über Rechtsradikalismus nachweist. Sein „größter persönlicher Wunsch", gibt er zu Protokoll, sei ein „besatzer- und ausländerfreies Deutschland in germanisch-preußischer Tradition in den Grenzen von 1938, ein Europa ohne Neger, Rote und Hakennasen".

IN DER NEONAZI-SZENE WIRD DER NUN 20-JÄHRIGE ALS HELD GEFEIERT.

Nach Verbüßung seiner Haftstrafe ist Seidl 2001 untergetaucht. Der Verfassungsschutz will auf Nachfrage keine Auskunft darüber geben, ob der Oberpfälzer heute noch eine Rolle in der

Neonazi Jakob Seidl stand wegen besonders schwerer Brandstiftung vor Gericht. Foto: Stöcker-Gietl

rechten Szene spielt. Gerüchten zufolge hält er sich in den neuen Bundesländern auf. Von seiner Gesinnung soll er nicht abgerückt sein, wird kolportiert. Für Kiener gehört dieses Verbrechen zu den schlimmsten Fällen, in denen er ermittelt hat. „Was einen Menschen wie Seidl umtreibt, das ist schwer nachzuvollziehen." Leyla Kellecioglu sagt, dass der Schmerz noch immer so groß sei wie am ersten Tag. „Meine Eltern sind tot, ihr Leben ist vorbei und er hat nur zwölfeinhalb Jahre dafür bekommen. Das ist nicht gerecht." ✖✖✖

„… ER HAT NUR ZWÖLFEINHALB JAHRE DAFÜR BEKOMMEN. DAS IST NICHT GERECHT."

MARIA IST WEG

Auf dem Jakobsweg in Gevelsberg, in einer
Hamburger Kneipe und an der Autobahn in
Weiden ist die 26-jährige Maria Baumer
gesehen worden. In einem Kloster nahe
Regensburg und bis zum Marienwallfahrts-
ort Medjugorje in Bosnien-Herzegowina hat
die Polizei Spuren verfolgt. Auch in Russland, im Senegal und in Tibet wurde nach
ihr gesucht. Die 1,80 Meter große Frau mit
den langen, dunkelblonden Haaren und den
grünen Augen hat ihr Lebensumfeld aus
nicht nachvollziehbaren Gründen verlassen,
so heißt es auf den Fahndungsplakaten.
Aber hat sie eine Reise angetreten? Die
Ermittler in Regensburg haben von Anfang
an einen anderen Verdacht. Einen schrecklichen Verdacht. Aber so lange ein Mensch
vermisst wird, gibt es Hoffnung, kann alles
wieder gut werden. Dann wird Maria gefunden. Nichts wird jemals wieder gut.

September 2013: Die Pilzsaison hat begonnen. Auch im Kreuther Forst. Das 7,7 Quadratkilometer große Waldgebiet grenzt an mehrere Gemeinden im Landkreis Regensburg. Es ist eine beliebte Wandergegend, Rad- und Joggingstrecke. Wer Pilze sucht, muss die befestigten Wege und die Gemeindeverbindungsstraße zwischen Bernhardswald und Donaustauf verlassen und sich ins Gelände schlagen. An jenem 8. September, einem Sonntag, ist hier zur Mittagszeit eine kleine Gruppe unterwegs. Sie hatte einen Tipp bekommen, dass es in der Gegend gute Plätze gibt. Es ist trocken an diesem Spätsommertag, die Temperaturen liegen bei 19 Grad. Nahe einer Sitzbank biegen die Pilzsammler von der Straße aus in den Wald ab. Sie sind schon einige Zeit unterwegs, die Erträge sind mager. Deshalb wollen sie es an anderer Stelle versuchen. Sie kommen nicht weit. Eine der beiden Frauen schreit die Gruppe zusammen. Sie hat einen schrecklichen Fund gemacht. Auf dem Waldboden liegt in einer Grube ein menschlicher Schädel, daneben ragen Knochen aus der Erde. Sie sehen auch einen Spaten. Dass sie hier soeben den wohl wichtigsten Beitrag zur Aufklärung eines der größten Kriminalfälle der Oberpfalz liefern, ahnen sie nicht.

> „KEINEN SCHRITT WEITER, VIELLEICHT IST DAS EIN TATORT!"

„Keinen Schritt weiter, vielleicht ist das ein Tatort", mahnt Wolfgang U. seine Begleiterinnen. Dann läuft er zur Straße und ruft die Polizei.

Gut 50 Kilometer entfernt sind an jenem 8. September die Gedanken von Familie Baumer bei ihrer

Tochter Maria. Noch viel intensiver und schmerzhafter als an den anderen Tagen. Es wäre ihr erster Hochzeitstag. Vor einem Jahr hatte Maria ihrem Verlobten Carl Frank in der Kirche in Muschenried das Ja-Wort geben wollen. Alles war geplant gewesen, die meisten Hochzeitseinladungen überbracht worden. Es sollte ein großes Fest mit rund 200 Gästen werden. Das Jahr 2012 werde ihr Jahr, darauf hatte das Paar noch an Silvester angestoßen. Denn Maria Baumer hatte die Weichen für ihre Zukunft gestellt. Sie schaffte ihren Master-Abschluss als Geoökologin an der Universität in Bayreuth und fand eine Stelle als Windanlagengutachterin. Auch ihr langjähriges Engagement bei der Katholischen Landjugend wurde belohnt. Sie wurde zur Landesvorsitzenden gewählt. Ein Ehrenamt, das mit viel Arbeit verbunden war, dem sie sich aber gerne stellen wollte, wie ihre Angehörigen sagen. Im Internet sind bis heute Bilder von der Versammlung zu finden. Eine diskutierende Maria Baumer auf dem Podium und danach strahlend mit einem Glas Sekt in der Hand, umringt von Gratulanten. Es sind die letzten Bilder, die es von ihr gibt. Eine Woche später, am 26. Mai 2012, verschwindet die junge Frau unter mysteriösen Umständen. Als letzter gesicherter Aufenthaltsort gilt ein Reiterhof. Er liegt nur zehn Kilometer von der Stelle entfernt, an der die Pilzsammler die Knochen gefunden haben. Die Kripo hat deshalb sofort den Verdacht, dass es sich um die Vermisste handeln könnte. Die Polizei bereitet die Familie in einem persönlichen Gespräch darauf vor. Die Öffentlichkeit erfährt zu-

16 Monate nach ihrem Verschwinden wird Maria Baumer gefunden. Im Sterbebild bleibt der Todestag offen. Foto: Andrea Rieder

nächst nichts davon. Erst muss ein DNA-Abgleich erfolgen. Drei Tage später herrscht traurige Gewissheit: Es ist die 26-jährige Maria.

Psychologen sagen, dass bei ungeklärten Gewalttaten eine Trauerarbeit kaum möglich ist. Wer keine Antworten auf seine Fragen erhält, der quält sich mit Spekulationen. Die Gedanken drehen sich immerwährend im Kreis: Was ist passiert, und vor allem: Warum ist es passiert? Bei Familie Baumer kommen und gehen die Winter und die Sommer voller Ungewissheit. Weihnachten, Geburtstage, Namenstage. Acht Jahre verstreichen. Dann endlich, der Tag auf den sie so lange gewartet haben: Am 1. Juli 2020 begleitet ein Medienpulk den Beginn des Mordprozesses vor dem Landgericht

Regensburg. Auf der Anklagebank: Marias Verlobter. Der Mann, den die Ermittler von Anfang an in Verdacht hatten.

Nur 41 Personen dürfen als Zuhörer in den Sitzungssaal 104. Deutlich mehr drängen sich am Einlass. Die Corona-Hygienevorschriften verlangen Mund-Nasen-Schutz, Abstand und eine Personenauskunft. Die Schlange an der Sicherheitsschleuse reicht hinaus bis auf die Straße. Sie wollen den Krankenpfleger und ehemaligen Medizinstudenten sehen, der sich wegen des gewaltsamen Todes von Maria Baumer verantworten muss. Der aus Heimtücke und niederen Beweggründen gehandelt haben soll. In den sozialen Medien wird über die Kaltblütigkeit dieser Tat diskutiert. Doch Carl Frank, den die Wachmänner nun in Handschellen vorführen, wirkt nach außen weder durchtrieben noch skrupellos, sondern allenfalls teilnahmslos. Den Blick hält er gesenkt. Die Haare hat er streng zu einem Pferdeschwanz zusammen-

Carl Frank wird von Wachtmeistern vorgeführt. Foto: Tino Lex

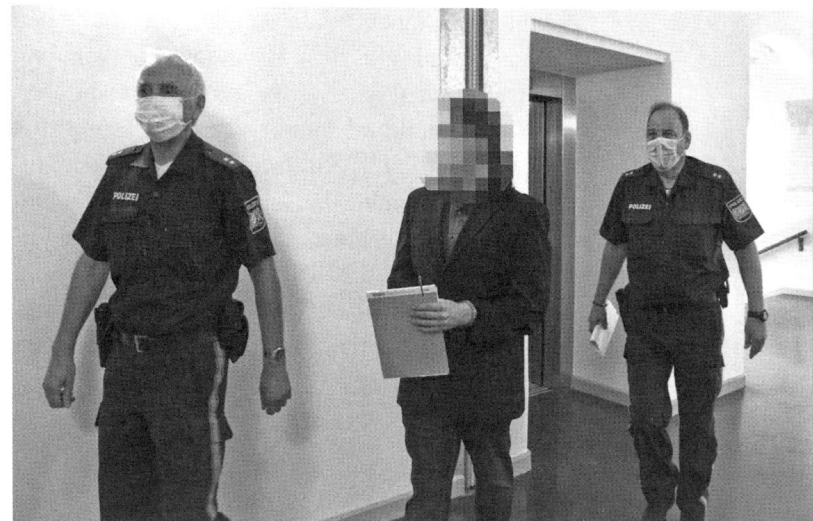

gebunden. Lang trug er seine Haare auch auf dem Foto der Hochzeitseinladung des jungen Paares. Damals, bevor Maria verschwand.

Maria Baumer wuchs in Muschenried auf, einem kleinen Dorf im Landkreis Schwandorf. Ihre Eltern sind angesehene Leute. Der Vater ist Steuerberater, die Mutter engagiert sich in der Lokalpolitik und der Kirche. Nach drei Söhnen waren 1986 Maria und ihre Zwillingsschwester Barbara zur Welt gekommen. Zweieiige Zwillinge, die sich optisch wie charakterlich unterschieden. Maria war die Forschere, die Wildere von beiden, sagt ihre Schwester. Sie sei diejenige gewesen, die für sie beide die Steine aus dem Weg räumte. Trotz der Unterschiede waren sie einander sehr eng verbunden. „Da passte kein Blatt zwischen uns", formuliert es Barbara Baumer im Prozess. An dieser Nähe habe sich auch nichts geändert, als sie an unterschiedlichen Orten ihr Studium aufnahmen. Sie hätten stets übereinander Bescheid gewusst und auch keine Geheimisse voreinander gehabt.

Gerade deshalb ist die Familie schon beunruhigt, als an jenem Samstagmittag im Mai 2012, dem Pfingstwochenende, der Verlobte anruft und den Baumers mitteilt, dass Maria aus der Wohnung verschwunden sei. Zwei Tage zuvor hatte die Mutter noch mit ihr telefoniert, wie sie im Prozess berichtet. Maria und ihr Partner wollten nach Muschenried kommen und letzte Hochzeitseinladungen verteilen, erinnert sie sich. Termine und Absprachen hielt die 26-Jährige sonst zuverlässig ein. Sie war noch nie länger weggeblieben, ohne ihrer Familie Bescheid zu sagen. Maria scheute auch keine Konflikte. Wenn ihr etwas nicht passte, dann sprach sie das offen aus. Warum also sollte sie dieses Mal – vielleicht nach einem Streit mit Carl – einfach wortlos weggegangen sein? Es war so gar nicht ihre Art. Und auch sonst passt nichts von dem, was in den kommenden Stunden und Tagen passiert, zu den sonst üblichen Verhaltensweisen der jungen Frau.

Bei der Polizei sagt Carl Frank aus, dass sich Maria am Tag ihres Verschwindens gegen 14 und 17 Uhr auf dem Festnetz bei ihm gemeldet habe. Sie habe erklärt, dass sie in Nürnberg sei und nach Hamburg wolle. Am Pfingstmontag werde sie zurückkehren. Im Nachhinein fällt auf, dass der Verlobte erst gegen 16 Uhr Marias Zwillingsschwester über den ersten angeblichen Anruf informiert, obwohl er auch gegen 14 Uhr mit ihr telefoniert hatte. Auffällig ist auch, dass die Telefonliste im Router gelöscht wurde und alle eingegangenen Anrufe nicht mehr nachvollzogen werden können. Ebenso unerklärlich erscheint eine Facebook-Nachricht, die Maria noch am Morgen an ihren Verlobten geschickt haben soll, während er, wie er behauptet, joggen gegangen war. Maria, das weiß ihre Schwester, hat Facebook eigentlich nicht genutzt. Das Passwort dort kannte aber der Verlobte. Die angeblich von der Vermissten verfassten Zeilen klingen wie ein Abschied. „Mein Schatz, es tut mir weh, aber ich kann nicht anders. Verzeih mir. Du weißt, was ich dir gesagt habe. Ich liebe dich."

> **DIE ANGEBLICH VON DER VERMISSTEN VERFASSTEN ZEILEN KLINGEN WIE EIN ABSCHIED. „MEIN SCHATZ, ES TUT MIR WEH, ABER ICH KANN NICHT ANDERS."**

Eine weitere Auffälligkeit kann Barbara Baumer erst viel später deuten. Als sie am Pfingstmontag nach Regensburg fährt, trifft sie Marias Verlobten in einem extrem aufgewühlten Zustand vor seiner Regensburger Wohnung an. Sein älterer Bruder ist da. Carl Frank habe so stark gezittert, dass sie ihn in den Arm genommen habe, erzählt sie vor Gericht. Sie habe sich gewundert, warum er eine so heftige körperliche Reaktion zeigte, wo Maria doch in wenigen Stunden wieder zu Hause sein würde. Sie schöpft damals aber keinen Verdacht. Wenige Stunden später zeigt Frank eine ähnliche Reaktion bei der Polizei. Er zittert und schwitzt auffallend. Das erscheint dem Beamten, der die Vermisstenanzeige aufnimmt, so wichtig, dass er einen Aktenvermerk fertigt. „Er stand innerlich offensichtlich unter einem äußerst angespannten Zustand", notiert er. Aber er beruhigt die Angehörigen auch damit, dass sich die meisten Vermisstenfälle binnen kürzester Zeit aufklären. Doch Maria meldet sich nicht mehr. Der Fall wird der Kriminalpolizei übergeben. Ein Beamter sagt zur Zwillingsschwester: „Entweder hat sich Maria etwas angetan oder Frank hat sie aus dem Weg geräumt."

Carl Frank wurde 1984 als jüngstes von fünf Kindern geboren. Ein Nachzügler, der von den teilweise schon erwachsenen Brüdern und der Schwester mitgezogen wird. Er eifert ihnen nach, sieht seine Berufung im sozialen Bereich. Sein Ziel ist es, der dritte Arzt in der Familie zu werden. Carl Frank ist intelligent, hat gute Noten und ein musisches Talent. Deshalb besucht er das Gymnasium der Regensburger Domspatzen. Nach dem Abitur macht er eine Ausbildung zum Krankenpfleger. In der psychiatrischen Klinik, in der er arbeitet, gilt er fachlich wie menschlich als eine sehr gute Besetzung. Ehemalige Kollegen berichten im Prozess, dass er sich in die Patienten hineinversetzen konnte, sehr gut zuhörte und einfühlsam, wie er sich gab, rasch ihr Vertrauen gewann.

Während der Ausbildung lernt er Maria Baumer kennen, die eigentlich Medizin studieren will, aber am Numerus Clausus scheitert. Weil ihr die Krankenpflege nicht zusagt, wechselt sie später zur Geoökologie. Frank, der schließlich selbst ein Medizinstudium aufnimmt, hält weiter engen Kontakt zu ihr. Sie werden Freunde und 2008 ein Paar – in einer Zeit, in der es Maria seelisch nicht gut geht. Sie hatte zuvor einen Freund bei einem Verkehrsunfall verloren und war in tiefer Trauer, auch, weil sie sich – unbegründeter Weise – mitverantwortlich für dessen Tod fühlte. Über eine längere Zeit hinweg schreibt sie dem verstorbenen Freund noch Briefe auf ihrem Computer, erzählt ihm von ihrem Alltag, ihren Problemen – wohl als eine Art der Trauerbewältigung.

Carl Frank weicht nicht von ihrer Seite. Maria gibt seinem Werben schließlich nach. Für den damals 24-Jährigen ist sie die erste Frau, mit der er zusammen ist. Maria sei die Liebe seines Lebens, sagt er zu Bekannten. Auch Barbara Baumer, die Zwillingsschwester, bestätigt im Prozess: „Er hat Maria gutgetan." Sie hätten sich wunderbar ergänzt. Ma-

> NIEMAND AHNT, DASS FRANK DIESES VERTRAUEN, DAS DIE MENSCHEN IN IHN HABEN, SCHAMLOS AUSNUTZT.

ria, die quirlige und umtriebige junge Frau, die gelegentlich impulsiv reagierte, und der zurückhaltende, ruhige Carl, der mit seiner ausgleichenden Art beschwichtigend auf sie einwirkte. Sie war die treibende Kraft und er der ruhende Pol. Bildlicher drückt es ein anderer Zeuge aus. Sie habe das Wort geführt, er sei der „Butler" im Hintergrund gewesen, der Essen und Getränke reichte. Niemand ahnt, dass Frank dieses Vertrauen, das die Menschen in ihn haben, schamlos ausnutzt.

Herbst 2012. Fünf Monate hat sich Maria Baumer nicht gemeldet. Die Ermittler ziehen jetzt alle Register, um den Verlobten aus der Reserve zu locken. Sie bringen den Vermisstenfall in die ZDF-Sendung „Aktenzeichen XY... ungelöst". Zwillingsschwester Barbara und Carl Frank richten als Gäste im Studio einen flammenden Appell an die Zuschauer und bitten um Hinweise. Der Fernsehbeitrag, den ein Millionenpublikum verfolgt, löst in den sozialen Medien eine Diskussionswelle ungeahnten Ausmaßes aus. Es gibt nicht nur jede Menge neuer Anhaltspunkte, wo sich die junge Frau aufhalten könnte, es gibt für manche Zuschauer zu diesem frühen Zeitpunkt schon einen konkreten Verdacht. Der Verlobte, der in der Muschenrieder Kirche vor laufenden Kameras eine Kerze anzündet und seiner Maria „Kraft und gute Wünsche" schickt, wirke nicht glaubwürdig, schreiben sie. Doch Frank beteuert weiterhin, dass er nicht wisse, was geschehen sei. Als die Sendung später im Prozess vorgespielt wird, verfolgt sie der Angeklagte ohne erkennbare Emotionen. Für Marias Familie ist es schwer auszuhalten, dass ihn diese Bilder nicht zu berühren scheinen.

Die Polizei geht routinemäßig jedem noch so abwegigen Hinweis nach, der sie nach der Sendung erreicht. Doch Maria wird weder auf dem Jakobsweg in Nordrhein-Westfalen aufgespürt noch bei einer Wallfahrt nach Medjugorje. Auch Recherchen bis nach Russland, Senegal und Tibet bleiben erfolglos. Barbara Baumer beschreibt diese Zeit des Hoffens und Bangens als Achterbahnfahrt der Gefühle. Zu hoffen, nur, um dann wieder enttäuscht zu werden, das sei irgendwann kaum noch auszuhalten gewesen.

Dann, im September 2013, kommt der Anruf der Pilzsammler. Als sie Marias sterbliche Überreste aus dem Waldgrab bergen, entdecken die Mitarbeiter der Spurensicherung die hochätzende Mischung aus abgelöschtem Kalk und Anhydridbinder an ihrem Körper und im Erdreich. Baustoffe, die es in jedem Baumarkt frei verkäuflich gibt. Aber hier wusste jemand um deren vernichtende Wirkung in Kombination mit Wasser. Dadurch hatte sich der Körper von Maria Baumer nahezu aufgelöst. Sie sollte, zu diesem Schluss kommen die Ermittler, für immer verschwinden. Ein Täter, der sie nicht kannte, hätte keinen solchen Aufwand betrieben, um die Leiche zu entsorgen, davon sind sie überzeugt.

Fast wäre er damit durchgekommen. Hätte sein Leben einfach weitergelebt. Ohne Maria. Denn die Ermittlungen gestalten sich schwierig. Zwar wird Frank nach dem Leichenfund festgenommen,

Im Kreuther Forst finden Pilzsammler die sterblichen Überreste von Maria. Foto: Tino Lex

kommt aber nach acht Wochen Untersuchungshaft wieder frei. Er meldet sich bei Barbara Baumer und sagt, dass er gerne Marias Grab besuchen würde. Er knüpft dort an, wo der rege Kontakt zur Familie wenige Wochen zuvor geendet hatte. Er nimmt seine Arbeit in der Klinik wieder auf. Gemeinsam mit seinen Geschwistern beginnt er die Ermittlungen gegen seine Person infrage zu stellen und sich öffentlichkeitswirksam als Opfer eines Irrtums zu präsentieren. Auch ein Privatrechercheur schaltet sich ein und bietet dem Tatverdächtigen seine Hilfe an. Im Juli 2014 begutachten sie gemeinsam die Überreste des Waldgrabs, in dem Maria gefunden wurde. Er sei nie hier gewesen, beteuert Carl Frank. Und er sagt, dass es auch in seinem Interesse sei, wenn der Tod seiner Verlobten aufgeklärt werde. „Man baut starken psychischen Druck gegen mich und mein Umfeld auf, weil man nur mich als möglichen Täter sieht."

Mit Autorin Isolde Stöcker-Gietl und einem Privatermittler besuchte Frank 2014 die Stelle im Wald, an der Marias Leichnam gelegen hatte.
Foto: Tino Lex

Zu diesem Zeitpunkt weiß die Polizei bereits, dass Marias Verlobter Geheimnisse hat. Dass er Straftaten begeht, um seine sexuellen Bedürfnisse zu befriedigen. Auf besonders verschlüsselten Festplatten haben IT-Experten Beweise gefunden. Und sie haben Frank so lange überwacht, bis er unvorsichtig wurde. Noch wissen sie nicht, was Maria geschah, aber sie wissen, dass ihr Verlobter heimlich eine dunkle Seite auslebt.

Deshalb gibt es 2016 einen ersten Prozess. Die Ermittler weisen dem Krankenpfleger mehrere Missbrauchsfälle an zwei Buben aus dem Internat der Regensburger Domspatzen nach. Einer der missbrauchten Schüler, der noch immer Kontakt zu dem Krankenpfleger hielt, wusste noch nicht einmal, was ihm geschehen war. Er identifizierte sich in dem Foto- und Videomaterial anhand der Bettwäsche und körperlicher Merkmale. An die sexuellen Handlungen hatte er so gut wie keine Erinnerungen.

Ein weiteres Opfer ist eine schwer depressive Patientin, die er auf seiner Station kennengelernt hatte. Weil die junge Frau seine an Stalking grenzenden Annäherungsversuche abwehrte, verabreichte er ihr heimlich das Beruhigungsmittel Tavor. Auch sie konnte nicht sagen, was anschließend passierte. Sie wusste nur, dass er die Nacht gegen ihren Willen neben ihr verbracht hatte. Frank räumt den Missbrauch und die vorsätzliche Körperverletzung vor Gericht ein, so wie es der zuvor ausgehandelte „Deal" der Verfahrensbeteiligten verlang-

> **DER VORSITZENDE RICHTER SPRICHT VON EINER „GEWISSEN HINTERLIST".**

te. Die Strafe lautet zwei Jahre Haft, die zur Bewährung ausgesetzt werden. Einer von der Staatsanwaltschaft vorgeschlagenen Sexualtherapie muss er sich nicht unterziehen. Der Vorsitzende Richter spricht damals von einer „gewissen Hinterlist", die der Angeklagte bei der jungen Frau angewendet habe. Die Verteidiger hatten das Opfer zuvor massiv attackiert und ihr die Schuld an dem für sie psychisch hochbelastenden Prozess gegeben. Die Baumers leiden im Zuschauerraum mit den Opfern. Der Beinahe-Schwiegersohn, der Mann, mit dem Maria ihr Leben verbringen wollte, hatte hinter ihrem Rücken kinderpornografisches Material gesammelt, sich an Minderjährigen vergangen und die psychische Verfassung einer jungen, kranken Frau mutwillig ausgenutzt und sie so dauerhaft geschädigt. Wie konnte sich ein Mensch, den die Baumers als ruhig, besonnen und hilfsbereit kennengelernt hatten, so verstellen? Zwar kannten sie nun eine kriminelle Seite von Carl Frank, doch sie wussten noch immer nicht, was mit Maria geschehen war. Sie ahnten aber, wie bedeutend die gewonnenen Erkenntnisse aus diesem ersten Prozess für die Aufklärung werden könnten. Denn nun war klar: Frank hatte auch schon 2012 in der Klinik uneingeschränkten Zugang zum Medikament Tavor. Und er hatte keine Skrupel, davon Gebrauch zu machen.

2018 stellt die Staatsanwaltschaft das Ermittlungsverfahren wegen der Tötung von Maria Baumer zunächst ohne Anklage ein. Foto: Privatfoto/Baumer

Doch zunächst wird die Familie noch einmal auf eine harte Probe gestellt. 2018 stellt die Staatsanwaltschaft das Ermittlungsverfahren hinsichtlich eines „Totschlags zum Nachteil von Maria Baumer" gegen Carl Frank ein. Die Indizien hätten den Tatverdacht nicht ausreichend erhärten können, lautet die Begründung. Die Baumers sind fassungslos und auch mit ihrer Geduld am Ende. Sollen sie sich für den Rest ihres Lebens mit dieser Ungewissheit abfinden? Gemeinsam mit der Münchner Anwältin Ricarda Lang und deren Kollegin Daniela Gabler reichen sie eine umfangreiche Beschwerde gegen den Einstellungsbeschluss bei der Generalstaatsanwaltschaft Nürnberg ein. Es dauert Monate, aber dann kommt wieder Bewegung in den ungeklärten Fall. Und etwas Entscheidendes passiert: Die Kripo Amberg wird zur Unterstützung der Regensburger Ermittler, die bereits akribisch viele Erkenntnisse zusammengetragen haben, herangezogen. So ergibt sich ein neuer Blick auf die Regalmeter an Protokollen, Bildtafeln und Zeugenaussagen. Und sie starten noch einmal einen Versuch, in Marias sterblichen Überresten eine Spur zu finden. Diesmal mit Erfolg!
Bei der Analyse eines Haarbüschels und Marias Slip in einem privaten Münchner Labor werden Mikrospuren des Medikaments Tavor gefunden. Und ein Fleck auf einem BH weist Spuren der Opiate Tramadol und Tilidin auf. Ein aufmerksamer Polizist, der Marias Sachen aus der gemeinsamen Wohnung inventarisieren sollte, hatte das verschmutzte Wäschestück in einer Kiste entdeckt. Spuren von Morphin und Noscapin, einem Be-

standteil des Schlafmohns und als Wirkstoff in Hustenstillern, werden in Marias Knochenmark nachgewiesen. Im Dezember 2019 kommt Frank wieder in Untersuchungshaft. Diesmal ist die Staatsanwaltschaft überzeugt, dass es für eine Anklage und einen Prozess reichen wird.

Über all die Jahre wird der ungeklärte Tod von Maria in Internetforen diskutiert. Bis ins kleinste Detail werden Informationen ausgeschlachtet, krude Theorien verbreitet und immer wieder auch die Familie des Opfers verunglimpft. Ja noch schlimmer: Hobby-Ermittler und Neugierige rufen bei den Baumers an, verfolgen die Familie sogar bis ans Grab und vor die Haustür. Sie versuchen sie in Gespräche zu verwickeln und schießen unerlaubt Fotos. Diese ständige Beobachtung durch wildfremde Menschen, diese ungerechtfertigten Behauptungen und Lügen in den Foren seien zu einer enormen psychischen Belastung geworden, sagt Barbara Baumer. Sie hätten sich dem schutzlos ausgeliefert gefühlt. „Das hat unser Vertrauen in die Menschen, aber auch in den Rechtsstaat schwer erschüttert." Und auch die Medien schließt sie in diese Kritik ein. Journalisten hätten ebenso Grenzen überschritten. Der erste Reporter klingelte bereits an der Tür, da hatte die Familie noch nicht einmal die engste Verwandtschaft über Marias Tod informiert, offenbart Barbara Baumer. Dass Angehörige von Verbrechensopfern neben all dem Schmerz auch noch diesem öffentlichen Druck standhalten müssen, habe sie als besonders grausam empfunden. „Das geht nicht spurlos an einem vorbei." Die Baumers lehnen deshalb vor dem Prozess sämtliche Interviewanfragen ab.

Dr. Michael Hammer ist der Vorsitzende Richter des Schwurgerichts am Landgericht Regensburg. Er leitet im Sommer 2020 den Prozess gegen Carl Frank. Ihm zur Seite stehen zwei Berufsrichter und zwei Schöffen. Hammer ist ein Richter, der die leisen Töne bevorzugt. Der nie laut wird, wenn er für

Dr. Michael Hammer will das Verfahren für alle Beteiligten erträglich halten. Foto: Tino Lex

Ruhe im Saal sorgen muss. Der allen gleich freundlich begegnet. Den Angeklagten ebenso wie den Opfern und ihren Familien. Wenn er sehr persönliche Fragen stellen muss, dann entschuldigt er sich. Wenn er traumatisierte Opfer als Zeugen aufruft, dann sucht er vorher das Gespräch, um anschließend in der öffentlichen Befragung möglichst keine neuen Wunden aufzureißen. Hammer hat ein besonderes Gespür, wie er Verfahren für alle Beteiligten erträglich halten kann. Am Ende sollen auch die Angeklagten das Gefühl haben, fair behandelt worden zu sein, auch wenn sie das Urteil vielleicht nicht als fair empfinden, umreißt Hammer seinen Anspruch regelmäßig bei den Verkündungen.

In Indizienprozessen stellt dieses Bestreben eine besondere Herausforderung dar. Denn wenn Angeklagte schweigen und ihre Schuld nicht einräumen – so wie es auch Carl Frank zum Prozessauftakt tut – müssen allein mithilfe der Ermittlungsergebnisse und der Zeugenaussagen belastbare Beweise erarbeitet werden. Damit bleiben auch den Opfern und Hinterbliebenen die Aussagen nicht erspart. Aufgabe der Verteidigung ist es wiederum, die dabei gewonnenen Erkenntnisse in Abrede zu stellen. Denn im Zweifel schützt das Recht den Angeklagten. Die Indizien müssen das Gericht in der Gesamtwürdigung überzeugen, wie es im Fachjargon heißt. Gäbe es Bedenken, wäre Frank freizusprechen. In dubio pro reo.

Zweifel säen, das ist deshalb auch die Taktik der beiden Pflichtverteidiger Michael Haizmann und Johannes Büttner sowie des von Franks Familie finanzierten Anwalts Michael Euler aus Frankfurt. Sie geben sich zu Beginn des Verfahrens überzeugt, dass die Indizien, von denen sie durchaus einige als belastend für ihren Mandanten bewerten, nicht für eine Verurteilung reichen werden. Carl Frank, so sagen sie, sei nicht wegen Mordes an Maria Baumer zu verurteilen. Doch das Verfahren entwickelt sich anders als von ihnen erhofft.

Der Spaten, der neben der Toten lag, belastet Frank schwer. Denn er hatte ein identisches Modell drei Tage vor Marias Verschwinden in einem Regensburger Baumarkt erworben und mit EC-Karte bezahlt. Und da sind die Suchbegriffe, die er im Internet recherchiert hat. In den Log-Daten auf Franks Rechner finden IT-Experten eine lange Liste von Begriffen, die nicht allein mit einem Interesse

Die Verteidiger, darunter Michael Haizmann, sind zum Prozessauftakt zuversichtlich. Sie wollen einen Freispruch erreichen. Foto: Tino Lex

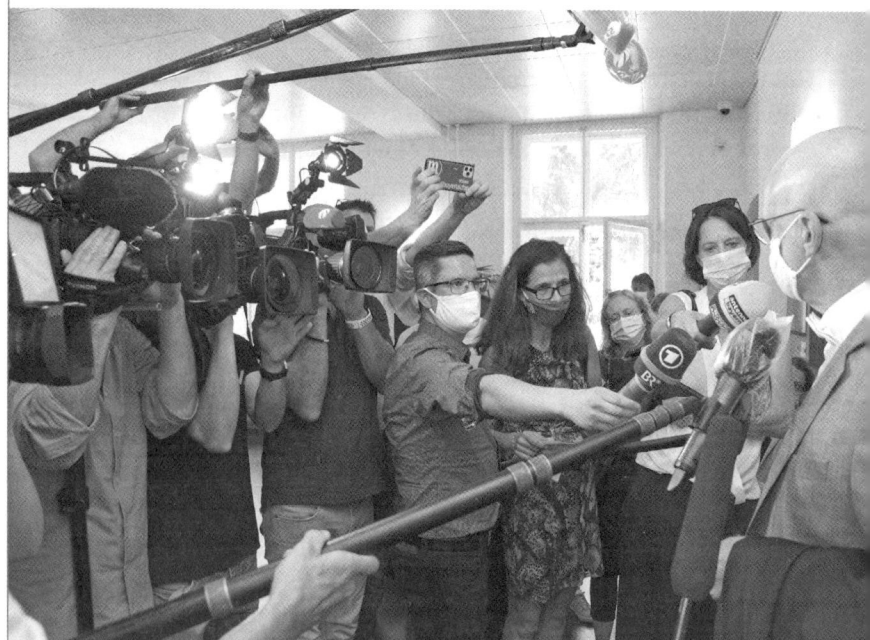

an Krimis zu begründen sind: „Der perfekte Mord", „Lithium", „perfektes Mordgift", „tödliche Dosis Insulin", „Lorazepam", „Lorazepam letale Dosis", „Judo-Würgegriff", „Guillotine" und „Guillotine-Griff" werden im Prozess aufgezählt. Zudem ist zu dem Regensburger Unternehmen *Walhalla Kalk* recherchiert worden. Am selben Tag, als diese Internet-Suchen stattfinden, hat Maria einen stundenlangen Gedächtnisaussetzer, für den die Ärzte später keine Erklärung finden. Und noch etwas sagen alle Ärzte von Maria im Zeugenstand aus: Sie hatte diese Medikamente, die in ihrem Körper und an ihrer Kleidung gefunden wurden, weder verschrieben bekommen noch eingenommen. Ihre Schwester Barbara betont: „In unserer Familie nimmt man erst etwas ein, wenn man den Kopf schon unter dem Arm trägt."

DER ANGEKLAGTE HATTE IM INTERNET NACH SCHLAGWORTEN WIE „DER PERFEKTE MORD", „LITHIUM", „LORAZEPAM LETALE DOSIS" UND „JUDO-WÜRGEGRIFF" GEGOOGELT.

Die Anklage ist überzeugt, dass Frank Maria mit den Medikamenten tötete, um sich der jungen Patientin zuzuwenden. Bereits drei Wochen vor ihrem Verschwinden hatte Frank Texte und Bilder aus dem privaten Blog der Patientin kopiert, außerdem eignete er sich unerlaubterweise ihre Patientenakte an. Die anfangs so zuversichtlichen Verteidiger agieren während der Befragung der 65 Zeugen und 19 Sachverständigen auffallend zurückhaltend. Auch Beweisanträge bleiben aus.

Dann lässt Wahlverteidiger Euler in einem Interview die Bombe platzen und kündigt – auch zur

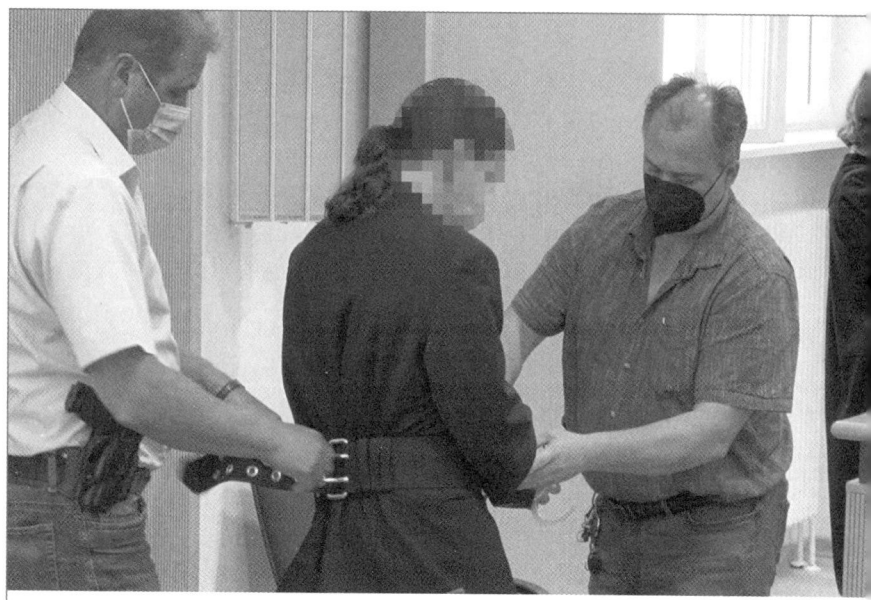

Der Angeklagte wird an manchen Tagen mit einer Gürtelfessel vorgeführt. Sie schränkt die Bewegungsfreiheit deutlich ein.
Foto: André Baumgarten

Überraschung der Kammer – eine Stellungnahme seines Mandanten an. Die beiden Regensburger Pflichtverteidiger Haizmann und Büttner halten sich von da an auffallend im Hintergrund und wollen sich öffentlich nicht mehr äußern. Es scheint zu kriseln im Verteidiger-Team. Auffällig ist ebenso, dass Frank den Zeitpunkt seiner Aussage diktiert. Er will sich erst mitteilen, wenn die Eltern von Maria Baumer, die zu den letzten Zeugen im Verfahren gehören, befragt wurden. Euler und sein Mandant pokern hoch. Die Stellungnahme sei zu diesem Zeitpunkt aber nicht weniger wert, als wenn sie zu Beginn des Prozesses erfolgt wäre, betont Euler.

Alois Baumer, Marias Vater, ahnt schon, dass nicht mit einem Geständnis des Angeklagten zu rechnen ist. „Er hatte acht Jahre Zeit, sich etwas auszudenken", sagt er vor der Verlesung. Er erwarte ein „Kasperltheater". Tatsächlich leugnet Frank in der Erklärung nicht nur, etwas mit dem Tod von Maria zu tun zu haben. Er gibt ihr die Schuld daran. Maria selbst habe das Beruhigungsmittel und das Opiat in der Nacht nach dem Besuch des Reiterhofes genommen und sei am Morgen tot neben ihm im Bett gelegen. Er habe in Panik reagiert, weil er die Medikamente aus der Klinik gestohlen habe und um seinen Arbeitsplatz fürchtete. Deshalb habe er keine Polizei und keinen Rettungsdienst gerufen, sondern Maria Baumer mit dem Spaten, den er angeblich zum Anlegen eines Gemüsebeetes gekauft hatte, im Kreuther Forst vergraben und mit dem Kalkgemisch bestreut – und zwar erst am darauffolgenden Abend, also in der Nacht zu Pfingstsonntag. Laut seiner Version verbrachte er den ganzen Tag mit der toten Verlobten in der Wohnung und arbeitete, wie die IT-Forensiker herausfanden, stundenlang an einer Musiksammlung auf seinem Computer – für die junge Patientin auf seiner Station. Zudem verfasste er die Abschieds-Facebooknachricht von Marias Account ausgehend und fingierte einen Abschiedsgruß im Namen Marias an deren verunglückten Freund.

Es sei zwar moralisch höchst verwerflich, strafrechtlich aber nicht anzugreifen, sagt der Verteidiger. Er werde deshalb Freispruch beantragen.

Noch einmal habe Frank sein Opfer verhöhnt, empört sich Oberstaatsan-

„MORALISCH HÖCHST VERWERFLICH, STRAFRECHTLICH ABER NICHT ANZUGREIFEN", NENNT VERTEIDIGER MICHAEL EULER DIE ERKLÄRUNGEN SEINES MANDANTEN.

Oberstaatsanwalt Thomas Rauscher ist empört über die Stellungnahme des Angeklagten. Foto: Tino Lex

walt Thomas Rauscher. Er spricht von einer „pietätlosen Märchenstunde". An die Angehörigen hatte der Krankenpfleger eine Entschuldigung verlesen lassen. Maria sei „die Liebe seines Lebens" gewesen. Die Baumers verlassen wortlos den Gerichtssaal. Die Wahrheit werden sie von Carl Frank wohl nie erfahren.

All die Unschuldsbeteuerungen haben Frank nichts geholfen: Am 6. Oktober 2020 verurteilt die Schwurkammer den 36-Jährigen zu einer lebenslangen Haftstrafe wegen Mordes an Maria Baumer und stellt auch die besondere Schwere der Schuld fest. Er habe seine Verlobte aus Heimtücke und niederen Beweggründen umgebracht. Die bevorstehende Hochzeit, die enge Bindung an Marias Familie und deren finanzielle Unterstützung hätten es ihm unmöglich gemacht, einfach die Trennung von seiner Verlobten zu vollziehen, die er nicht mehr habe heiraten wollen. Ein

> DIE STELLUNGNAHME VON CARL FRANK NENNT DER ANKLAGEVERTRETER EINE „PIETÄTLOSE MÄRCHENSTUNDE".

solches Verhalten wäre mit dem Bild, das er von sich gezeichnet hatte, nicht vereinbar gewesen. Die psychiatrische Sachverständige Dr. Susanne Lausch hatte Frank als einen Menschen eingeordnet, der unliebsame Wahrheiten verdränge, insbesondere dann, wenn sie den Verlust seines persönlichen Selbstbildes bedeuten. Er sei ein vulnerabler Narzisst, der nach Komplimenten giere, dem wichtig sei, was sein Umfeld über ihn denke und der wenig kritikfähig sei. Die Tötung sei deshalb „nüchternes Kalkül" gewesen, um Konflikten aus dem Weg zu gehen, stellt die Schwurkammer fest. Sein leitendes Motiv sieht sie in dem Drang, der jungen Patientin näher zu kommen. Einer 19-Jährigen, der es zu diesem Zeitpunkt nicht gut ging und die kein Interesse an einer Beziehung mit ihm zeigte. Aber Carl Frank konnte sich wieder als der fürsorgliche Begleiter durch Lebenskrisen beweisen, als der „Retter in der Not", wie es der Vorsitzende Richter formuliert. Jener Rolle, in der er sich so gerne sah. So wie 2007, als der Krankenpfleger um Maria warb, die um ihren guten Freund trauerte.

Das Prozessende findet unter größtem Interesse der Öffentlichkeit statt. In den sozialen Netzwerken wird aufgeregt debattiert, Einschätzungen werden abgegeben. Auch vor dem Gerichtsgebäude ist am Tag der Urteilsverkündung der Andrang groß, nur die wenigsten finden Platz im Saal. Unmittelbar bevor die Kammer eintritt, wird es dort so still, dass man eine Stecknadel fallen hören würde. Warum haben die Menschen diesen Mordfall besonders intensiv verfolgt? Warum hat das Schicksal von

Maria Baumer so viele so tief berührt? Es ist wohl das Umfeld, in dem das Verbrechen geschehen ist, diese vermeintlich heile Welt, aus der das Opfer und ihr Verlobter stammten, die diese Tat so unbegreiflich macht. Und so überrascht es nicht, dass die Anspannung am letzten Prozesstag förmlich mit den Händen greifbar ist, sie packt alle Anwesenden – mit einer Ausnahme.

Scheinbar unberührt ist der Mann, von dem der Vorsitzende sagt, dass er „fast schon lustvoll" komplexe Lügengebilde aufgebaut hat und dem es so beinahe gelungen wäre, ungestraft davonzukommen. Selbst die Härte des Urteils, die Feststellung der besonderen Schwere der Schuld, die es ihm verwehren wird, das Gefängnis nach 15 Jahren zu verlassen, scheint ihn nicht sonderlich zu treffen, zwei Stunden lang zeigt er keine emotionale Regung. Verteidiger Michael Haizmann sagt, dass sein Mandant auf ein solches Urteil vorbereitet worden sei. Nach der Beweisaufnahme habe er damit rechnen müssen.

Unter den Zuhörern sitzt die junge Patientin mit ihrer Familie. Ihr Name zieht sich wie ein roter Faden durch die Urteilsbegründung, wenngleich die Kammer betont, dass es nicht die eine entscheidende Begründung gebe, sondern sich die Indizien wie Puzzleteile ineinanderfügten. Es sei dennoch hart und schwer auszuhalten gewesen, als das vorrangige Motiv benannt zu werden, sagt sie später. Umso mehr bedeute es ihr deshalb, dass sich der Vorsitzende Richter persönlich an sie wendet und ihr für ihre Aussage vor Gericht dankt. „Die Zeugin hat uns sehr beeindruckt", sagt er. Noch viel wertvoller ist die Geste, die von Familie Baumer kommt. Als die junge Frau auf Barbara Baumer zugeht und ihr in die Augen schaut, werden beide von ihren Gefühlen übermannt. Sie schließen sich fest in die Arme und verharren sekundenlang und unter Tränen in diesem Augenblick; eine Geste gegenseitiger Anteilnahme.

Maria Baumers Familie flieht nach der Urteilsverkündung vor der Presse aus dem Gerichtssaal. Es habe sie alle sehr aufgewühlt und mitgenommen, sagt Barbara Baumer später. Wichtig ist den Angehörigen des Opfers, nach diesen für sie so schwierigen acht Jahren jenen Menschen zu danken, die sie in ihrer Trauer begleitet haben, das habe ihnen immer Kraft gegeben. Und auch die Polizei, den jetzigen Staatsanwalt, das Gericht und ihre Anwältinnen schließt die Familie in diesen Dank mit ein. „Durch ihren akribischen Einsatz haben sie uns ein Stück Vertrauen in unser Rechtssystem zurückgegeben." Das bringe ihre Zwillingsschwester zwar nicht zurück, aber die Familie sei nun auch erleichtert, dass das Verbrechen an Maria nicht ungesühnt bleibt, sagt Barbara Baumer. In diesem Mordprozess hätten letztlich alle verloren. Carl hat am Bundesgerichtshof Revision eingelegt und ist gescheitert. Sein Anwalt Michael Haizmann sagt: „Er hatte nichts mehr zu verlieren." ✖✖✖

„DURCH IHREN AKRIBISCHEN EINSATZ HABEN SIE UNS EIN STÜCK VERTRAUEN IN UNSER RECHTSSYSTEM ZURÜCKGEGEBEN."

DIE AUTORIN

Foto: Juliane Zitzlsperger

ISOLDE STÖCKER-GIETL

ist Diplom-Betriebswirtin und nach dem Volontariat seit 1998 als Redakteurin im Mittelbayerischen Medienhaus beschäftigt. Als Reporterin für überregionale Themen hat sie viele Kriminalfälle in der Oberpfalz und in Niederbayern journalistisch begleitet und saß auch als Berichterstatterin in spektakulären Gerichtsprozessen. Von ihrer Arbeit berichtet sie seit 2019 mit Redakteur André Baumgarten und weiteren Kollegen im Podcast „Spuren des Todes". Stöcker-Gietl wurde 2017 für ihre journalistische Arbeit mit dem Eberhard-Woll-Preis ausgezeichnet.